ABC
DEL TAROT

© Jacques Grancher, Éditeur
© 1994 (versión castellana) TIKAL EDICIONES / Unidad Editorial
Rambla de la Llibertat 6-8, At. - 17004 Gerona (España)
Teléfono y Fax (972) 22 28 78
Traducción: Vilma Pruzzo
Diseño de cubierta: Antoni Tello
Concepto fotográfico: Bene Angulo / A. Tello
Fotografía de cubierta: Bene Angulo
I.S.B.N. 84-305-7665-7
Impreso en España

Colette H. Silvestre

ABC DEL TAROT

TIKAL
ediciones

A mi amiga Linda Maar

«El hombre que se inclina sobre el microscopio reflexiona y se interroga tanto sobre lo que, infinitamente pequeño, resulta desconocido, como sobre lo que, infinitamente grande, permanece insospechado.»

ROBERT CHARROUX

INTRODUCCIÓN

«El Tarot es ante todo una guía destinada a los hombres y las mujeres que buscan la iluminación espiritual, y que están decididos a consagrar el tiempo y la paciencia necesarios para descubrir el sentido profundo de la vida.»

Querer... Saber... Actuar... y Realizar:

¿Qué es el Tarot?

El Tarot es un conjunto de 78 cartas formado por 22 arcanos «mayores» y 56 arcanos llamados «menores». La palabra Arcano —del latín *arcanum*—, es decir «secreto», «misterio», nos conduce, junto con la palabra Tarot, derivada de Rota, Tora, Taro, que significa «la ruta», «el camino», a la vía de la revelación.

Pero, ¿de donde proviene?

La evolución de su simbolismo a través de los siglos aparece sumida en el misterio y los verdaderos orígenes de los arcanos permanecen oscuros. Si bien las cartas hacen su aparición en el siglo XIV, no se puede ignorar la analogía existente entre la simbología del Tarot y la del «libro de Thot» del antiguo Egipto, entre otros.
Pero ¿es verdaderamente necesario seguir investigando? ¿Para qué sirve?
Aunque su lejano origen siga rodeado por el misterio, es evidente que el tarot posee un extraordinario poder adivinatorio psicológico y espiritual.
Su influencia vibratoria es sorprendente y, como un tratado de psicología en imágenes, permite comunicar, prevenir, aportar soluciones, aprender a conocerse mejor y a conocer a los demás.
No tiene influencia sobre los acontecimientos sino que solamente está destinado a prevenir al consultante, quien podrá, una vez instruido sobre las influencias que le rodean y con total conocimiento de causa, decidir su futuro usando su libre albedrío.
Este apasionante «libro de sabiduría y de conocimiento» abre la puerta a un camino iniciático que, pasando por diferentes etapas, conduce a la riqueza profunda del alma y el espíritu.

HISTORIA DEL TAROT DE MARSELLA

El Tarot de Marsella hizo su aparición hacia fines del siglo XV o principios del XVI, bajo la forma de un lujoso juego pintado a mano por grandes artistas, que se lo dedicaban a importantes familias como los Visconti o los Sforza.
Algo transformado, aunque conservando sus cualidades intrínsecas, el Tarot de Marsella adquirió gracias a B. P. Grimaud un aspecto más manejable y sólido. Sus ángulos se redondearon y sus colores se avivaron, marcándose de forma predominante el azul y el rojo.
El Tarot de Marsella influyó en el estilo de numerosos juegos que aparecieron a finales del siglo XVIII y principios del XIX. Esta época, en la que el terreno de lo oculto se convirtió en una verdadera pasión, marca el auge del Tarot. En 1930, Paul Marteau, gran maestro de las cartas, tradujo con profunda exactitud el simbolismo del Tarot de Marsella y estableció las tonalidades definitivas de los colores tal como se han perpetuado hasta la fecha.

LA LECTURA DEL TAROT

«La lectura del Tarot conduce a un mejor conocimiento de sí mismo. Esta herramienta es el producto de una cultura «revolucionaria» que concebía las nociones de tiempo y espacio no como trabas, sino como jalones en el camino de la búsqueda interior de las posibilidades de cada hombre.»

Alessandro Bellenghi
El libro de la cartomancia

Para interpretar bien el Tarot, no es necesario tener ningún don especial. La intuición que duerme en cada uno de nosotros sólo espera a despertarse. Aprenda a escucharla.
Numerosas supersticiones rodean al Tarot: cada uno es libre de prestarles la importancia que le parezca oportuna. Sin embargo, es indispensable respetar algunas reglas básicas:
— La interpretación debe llevarse a cabo en una atmósfera tranquila, en un

clima casi ritual. Respetando el secreto profesional, el intérprete no aceptará la presencia de testigos durante la sesión.

— No debe retirarse ninguna carta del juego y cualquier carta que se haya echado debe dejarse en su sitio.

— El vocabulario debe ser tranquilizador. Predecir el futuro no es una tarea fácil y el cartomántico debe hacer gala de humanismo, tomándose todo el tiempo necesario para escuchar y comprender a quienes le consultan.

— Es preciso mantenerse imparcial y no proyectar jamás las propias preocupaciones.

— El juego de Tarot es un objeto personal: no se debe prestar.

— Se recomienda mantener una iluminación tamizada o usar una vela.

Como todo procedimiento adivinatorio serio, el Tarot implica una invitación a la acción y una toma de responsabilidad. Es decir que no debe tomarse como un juego o un pasatiempo. Debemos considerar las cartas con el mismo respeto con el que tratamos a los objetos cargados de tradición.

Nadie debe permitirse usarlo a la ligera.

¿CÓMO ECHAR EL TAROT?

> «El Tarot es un conjunto de figuras que expresan simbólicamente los esfuerzos del hombre para realizar su evolución, es decir, para alcanzar los fines inscritos en su destino, evolución que le demandará luchas, pesares, alegrías y sufrimientos...»
>
> Paul Marteau, *El Tarot de Marsella*

Para empezar, se separan los 22 arcanos mayores de los 56 arcanos menores. En relación con la tradición, los números, la astrología, la cábala y los colores, los 22 arcanos mayores están cargados de símbolos ricos y numerosos, claves de la interpretación general del Tarot.

Estas cartas se usan con prioridad en todas las tiradas adivinatorias. Los arcanos menores procederán a continuación a afinar o confirmar, gracias al detalle, los elementos de interpretación obtenidos. Volvamos a las 22 cartas mayores, que se mezclan y después se cortan con la mano izquierda. Debe observarse atentamente el «corte», pues ya suministra una primera influencia. Seguidamente el consultante extrae el número de cartas que se le pide. El intérprete las coloca delante suyo y no les da la vuelta hasta que hayan sido totalmente colocadas. Si, durante el juego, una carta aparece invertida, se deberá girar inmediatamente. Al igual que un libro, el Tarot se lee del derecho. Después de interpretar la tirada, el consultante puede cubrir los arcanos mayores con los menores; el proceso es el mismo: mezclar, cortar, y extraer con la mano izquierda el número de cartas que se le solicita.

Se puede echar el Tarot tanto para uno mismo como para los demás. No obstante, se comprobará rápidamente que es más fácil echarlo para los demás que para uno mismo: la falta de objetividad prevalece y muy a menudo se «ve» lo que se tienen «ganas» de ver. Si bien es preferible que el consultante esté presente durante la tirada, no es sin embargo imposible hacerlo en su ausencia. En este caso, el intérprete visualiza a la persona interesada y extrae las cartas en su lugar, concentrándose profundamente.

La periodicidad con que se puede llevar a cabo las tiradas es variable. Por ejemplo, la Rueda Astrológica exige una espera mínima de 21 días antes de volver a tirar. En cambio, la «línea» corresponde al paso de una semana, mientras que la pirámide o la cruz céltica se pueden repetir al cabo de un mes. Generalmente, se echa la cruz para acontecimientos a corto plazo, y la herradura para los acontecimientos a medio o largo plazo.

Todos aquellos que manipulen los Tarots deben ser conscientes de que tienen en sus manos un poder fabuloso, rico y revelador.

Deje actuar su intuición a través de este espejo sagrado que se convertirá rápidamente en su mejor amigo.

Recuerde finalmente que con el tiempo, la paciencia, la perseverancia y el amor al prójimo, todo resulta posible.

«Ama a tu prójimo como a ti mismo.»

Para comprender y amar al prójimo es preciso antes amarse a sí mismo...

SIGNIFICADO DE LOS 22 ARCANOS MAYORES

«Los veintidós arcanos mayores, cartas simbólicas y alegóricas, describen y recrean las fuerzas materiales e inmutables de la eternidad, constantemente variables, que afectan a la humanidad.»

S. R. Kaplan

CÓMO DESCUBRIR EL TAROT

Abordemos ahora los 22 arcanos mayores del Tarot de Marsella. Aunque la imagen basta por sí misma para dar una interpretación, es necesario impregnarse del simbolismo de cada carta, que está constituido por números que expresan ideas, por fuerzas dominantes de diferentes significados, así como por influencias planetarias que dan un sentido específico al conjunto de las 22 cartas. Además, es preciso observar los colores y los detalles de las figuras que componen el conjunto del mensaje transmitido por el Tarot de Marsella.

Los colores dominantes son el azul y el rojo. Color de la espiritualidad, el azul favorece la serenidad psíquica. Para los etruscos y los celtas, el azul ayudaba a dar el paso al más allá y a lo invisible, mientras que los egipcios lo consideraban como el color de la verdad. El rojo, color fundamental muy utilizado en las tradiciones, está asociado a la vida terrestre. La luz, el resplandor, el brillo y el calor son sus atributos. El rojo puede igualmente pertenecer al Guerrero, al Rey y a veces al Sacerdote (el Cardenal, llamado Príncipe de la Iglesia). Revestido de un doble significado de poder y de vida en el plano terrestre, el rojo es pues un perfecto complemento del azul, símbolo del más allá y del estado celestial.

Los demás colores importantes, aunque secundarios, del Tarot de Marsella, son: el amarillo, color del Sol y el Oro, que es símbolo de la manifestación objetiva y de la intuición, pero también de lo inmutable.

EL verde, color de los vegetales, de los lagos y los mares, favorece las curaciones, la creación, la vitalidad y la esperanza.

El negro, sinónimo de muerte en nuestra civilización, de fatalidad y de desesperación, puede igualmente llevarnos a la liberación, al punto de partida y al renacimiento.

El blanco, al que se atribuye la pureza, la inocencia y el candor, es la síntesis del espectro solar por combinación positiva. También es símbolo de la luz, de la nieve y de la transfiguración.

I — EL MAGO

Descripción. El primer arcano representa a un hombre joven y rubio, de mirada viva y chispeante, tocado con un sombrero de ala ancha en forma de ocho. En la mano izquierda sostiene una varita y en la derecha una moneda de oro. Sobre una mesa de tres patas aparecen un cubilete, un puñal, monedas, dados, y una bolsa de la que se han sacado todos estos elementos.

Simbología. El número uno representa el principio. Indica una primera causa para lo que acontece.
La influencia mercuriana da movimiento, rapidez, flexibilidad e ingenio. Como primera carta del Tarot, este joven dinámico y lleno de entusiasmo nos invita a seguirle y nos abre la vía iniciática. Para ello dispone de cuatro elementos que le permiten actuar convenientemente y aprovechar todo lo que se presenta.
— La varita (elemento del fuego), que simboliza la guía y el mando, le confiere el poder de dirigir, mandar, y hasta de transformar.
— Las monedas (elemento terrenal), símbolo de las posesiones o de la materialidad, son de oro y, por ello, escapan a la corrupción.
— El cubilete (elemento acuático), sinónimo de femineidad o de fecundidad, determina los sentimientos y la emotividad.
— El puñal (elemento del aire) nos recuerda la espada destinada a cortar, afirmando el intelecto y dando la posibilidad de liberarse.
El dinamismo y la fogosidad del Mago están expresados por su posición de pie. Perfectamente estable y equilibrado, sobre sus pies en ángulo, se apresta a actuar con la inteligencia creadora que determina su sombrero en forma de ocho horizontal, símbolo de lo infinito.
Como mago que es, podrá, en cualquier momento, echar los dados para guiarse por el camino de la suerte y el azar.

EL MAGO

Personalidad. Una inteligencia rápida y dinámica que refuerza la voluntad, lo que permitirá llevar a cabo nuevas acciones. El Mago anuncia la originalidad, la creatividad, la destreza, la iniciativa, la habilidad.

Sentimientos. Es índice de nuevos encuentros y de posibilidades en el plano afectivo. La vida sentimental está marcada por un movimiento ascendente. Se anuncian modificaciones favorables en el marco familiar y mejoran las relaciones con el entorno.
El terreno del corazón se ve abonado por este joven, que aporta una perfecta armonía a los sentimientos.

Profesional. La iniciativa, el poder de sacar partido a todo lo que se presenta, ofrece la posibilidad de actuar sobre los acontecimientos, facilitando así todas las empresas profesionales y sociales. Existe la probabilidad de promoción y de adjudicación de responsabilidades más importantes.
Si se está buscando trabajo, se recibirán propuestas que implicarán un comienzo rápido y favorable.

Material. Se pueden prever mejoras en el aspecto financiero. Se obtendrán satisfacciones rápidamente y el crecimiento será sostenido. Nuevos ingresos que permitirán salir de las estrecheces pecuniarias. La confianza en sí mismo acelera las posibilidades de bienestar material.

Salud. A pesar de gozar de una buena vitalidad, existen riesgos de sufrir dolores de cabeza y migrañas.

Espiritual. La curiosidad se abre hacia lo espiritual y conduce a un nuevo desarrollo y a una nueva toma de conciencia.

Temas varios. Los desplazamientos, los estudios y los proyectos se ven favorecidos.

Síntesis. El Mago abre la posibilidad de realizarse. Cuenta con todos los elementos para llegar a concretar sus proyectos.

II — LA SACERDOTISA

Descripción. Es una joven sentada inmóvil y silenciosa, que se cubre con varios velos, lleva una tiara de doble corona en la cabeza y sostiene un libro abierto entre las manos.

Simbología. El número dos es símbolo de oposición y reflexión. La unidad busca su complemento o su oposición. La influencia saturniana favorece la estructura y la paciencia, pero demora las actividades y provoca obstáculos.
Cubierta de velos, la Sacerdotisa refleja en su rostro impasible la calma y la serenidad absolutas: expresa los secretos, los misterios, lo oculto. Sobre su cabeza, la tiara de oro de doble corona le confiere la soberanía y el poder tanto sobre el plano material como sobre el espiritual. Las incrustaciones de piedras preciosas sobre la tiara están destinadas a iluminar las tinieblas para llegar a la perfección.
El libro que sostiene en sus manos es, ante todo, el símbolo del Universo. Cerrado, conserva y oculta su contenido; abierto, ofrece sus secretos al iniciado para conducirle hacia la sabiduría divina. La Sacerdotisa no tiene en absoluto necesidad de leer el contenido de ese libro puesto que posee, en su mismo interior, el conocimiento de todas las riquezas misteriosas. Aunque se perciba o no su mirada, la Sacerdotisa conserva una actitud fría e impenetrable. Detrás de ella, los velos disimulan todo lo que se encuentra más allá de las apariencias. Guardiana del Templo de Salomón o de la Iniciación, la Sacerdotisa intuitiva permitirá al iniciado que sepa mostrarse digno levantar los velos para que, también él, reciba el conocimiento.

LA SACERDOTISA

Personalidad. La discreción y la concentración ayudan en la búsqueda de la Sabiduría profunda. La Sacerdotisa anuncia la reserva, la intuición, la serenidad, la espera, la paciencia.

Sentimientos. A menudo es índice de una relación secreta u oculta. La vida afectiva permanece invisible. La falta de apertura y de comunicación retardan la evolución sentimental. Los sentimientos que se experimentan hacia los allegados son profundos y sinceros, aunque se manifiesten con gran reserva. Las relaciones amistosas se desenvuelven en un clima de paz y tranquilidad.

Profesional. En el terreno profesional se atraviesa un periodo de gestación y espera, por lo que se deberán prever nuevas estructuras. A pesar del esfuerzo, la inacción es evidente. Puede lograr un éxito posterior gracias a la inteligencia y la reflexión, que le permitirán cambios fructíferos.

Material. La prudencia permite el equilibrio en las finanzas. Es posible una mejora, pues la gestión es excelente. Pueden presentarse a veces alternativas poco halagüeñas, rápidamente superadas con serios esfuerzos.

Espiritual. La gran riqueza interior ofrece notables posibilidades de meditación y reflexión.

Salud. Conviene ser prudentes en lo que concierne a los problemas circulatorios relacionados con el sistema urogenital.

Temas varios. Se confirman o anuncian embarazos o nacimientos.

Síntesis. La Sacerdotisa abre la vía de la meditación, de la sabiduría y de la fe. El dominio interior y la paciencia le permiten resolver los problemas.

III — LA EMPERATRIZ

Descripción. Esta mujer tocada con corona, de rostro afable, sostiene en su mano izquierda un cetro rematado por un globo y una cruz. En la otra mano, presenta un blasón sobre el que se recorta un águila.

Simbología. El tres, número de la comunicación, domina la dualidad y lleva a una nueva integración y a una mayor apertura.
La influencia de Venus, planeta de la suerte y el amor, aporta encanto, dulzura y simpatía. El movimiento, el «savoir-faire» y la inteligencia, están marcados por la influencia mercuriana. Esta mujer joven e inteligente es el símbolo de la sabiduría creadora.
Sobre su cabeza, una corona de oro confirma su poder mental y su dignidad. Como símbolo de poder y de mando, sostiene en su mano izquierda el cetro destinado a mantener el orden. La Emperatriz es plenamente consciente de sus amplias posibilidades: posee el poder, pero no abusa de él. Por otra parte, su cetro está rematado por una cruz, imagen de espiritualidad. La inteligencia está expresada por el blasón, del cual emana una bienhechora protección, y que, cual un pentáculo, representa a la tradición. Ave soberana, celestial y solar a la vez, el águila conjuga la potencia y la fuerza. La leyenda afirma que sólo esta ave puede mirar al sol de cara sin pestañear.
La Emperatriz está sentada sobre un trono cuyos montantes recuerdan unas alas, en señal de elevación y de vuelo hacia lo infinito. La Sacerdotisa estaba oculta en su misterio. La soberana Emperatriz aporta en cambio la luz y el poder contra las vacilaciones. Disipa con inteligencia las tinieblas de la duda.

LA EMPERATRIZ

Personalidad. La lucidez y el discernimiento permiten la acción y la creación. La Emperatriz anuncia la elevación, la inteligencia, la eficacia, la intuición, la fertilidad.

Sentimientos. Es índice de felicidad y alegría. Los encuentros y los contactos son armoniosos y agradables. Una excelente apertura en la comunicación permite una feliz evolución sentimental. En el amor como en la amistad, esta soberana anuncia sinceridad, acercamiento y esplendor, por lo que merece la pena esperar todos estos beneficios.

Profesional. El éxito y un ascenso son previsibles. Los conocimientos intelectuales y el ingenio vivaz favorecen las actividades llamadas de «comunicación». La concreción de los proyectos resulta fácil, pues las diversas gestiones se cumplen de manera sencilla y los negocios se concluyen rápidamente.

Material. Aunque el terreno financiero está bastante protegido, existe una tendencia a los gastos excesivos que hay que saber controlar. A menudo esta ligereza se debe al deseo de gustar y de complacer al entorno.

Salud. No hay que abusar de las propias fuerzas: pueden sobrevenir el agotamiento y la fatiga nerviosa.

Espiritual. La intuición guía nuestra conciencia y permite una apertura sobre la energía cósmica.

Temas varios. Esta carta mediadora anuncia novedades, cartas, desplazamientos.

Síntesis. La Emperatriz aporta soluciones eficaces para los problemas de todo tipo. Sus ideas, ricas y fecundas, contribuyen al progreso y al éxito perseguidos.

IV — EL EMPERADOR

Descripción Un hombre con barba, con un sólido casco, que sostiene en su mano derecha un cetro rematado por un globo y una cruz. El asiento que ocupa está adornado con un águila que tiene las alas desplegadas.

Simbología. Simbolizado por el cuadrado o la cruz, el cuatro encierra toda la creación. Número de realización, asegura la estabilidad y la dominación.
La influencia de Júpiter, planeta de expansión y de buena suerte, aporta prosperidad y el cumplimiento de todas las esperanzas. La autoridad y la seguridad conducen al éxito.
Seguro de su impacto, el Emperador de rasgos enérgicos y de blanca barba encarna el poder y la autoridad.
Su casco le asegura protección: en efecto, se puede notar que la nuca, zona particularmente sensible y vulnerable, está completamente cubierta. Con determinación y con energía, sostiene en su mano derecha el cetro de la soberanía. Rematado por un globo terráqueo, insignia universal, y por una cruz, sinónimo de espiritualidad, este cetro confiere al Emperador el poder de dominar el mundo. El collar de oro que lleva alrededor del cuello conjuga la fuerza y la unión.
El Emperador está sentado y se destacan sus piernas que representan la realización por medio de la actividad. El pie derecho, ligeramente levantado, indica una toma de decisiones inminente. Sobre su trono se recorta el águila majestuosa, con las alas desplegadas, que parece presta a volar para alcanzar una meta. Señalamos que el Emperador y la Emperatriz reinan con los mismos atributos: el cetro, el globo, la cruz, el águila. Con el rostro vuelto hacia la Emperatriz, el Emperador espera su mensaje: ella es la acción, él es la realización.

EL EMPERADOR

Personalidad. La autoridad y la voluntad logran que los proyectos se concreten. El Emperador anuncia la realización, la estabilidad, la energía, la competencia, la dominación.

Sentimientos. Es índice de vínculos sólidos y estables. En el hogar reina un buen equilibrio. El valor de los sentimientos está basado en la costumbre y la confianza. Pero el Emperador puede pasar de la protección más tranquilizadora a la tiranía más absoluta.

Profesional. Las funciones de poder y de mando están fuertemente marcadas. Las realizaciones y los progresos son seguros gracias al dominio y a una infalible fuerza de carácter. Las ambiciones se verán satisfechas y se iniciará una expansión beneficiosa, asegurando el futuro de las iniciativas seriamente fundamentadas.

Material. Transacciones positivas que estabilizan todas las especulaciones y las hacen fructificar. La situación financiera se presenta firme y tranquilizadora. La seguridad material parece que se impone en el futuro de manera eficaz y sostenida.

Salud. Encontramos ciertas amenazas de presión arterial y riesgo de obesidad.

Espiritual. La materialidad del número cuatro y el espíritu indomable del personaje no incitan a una apertura demasiado fácil.

Temas varios. Esta carta será una eficaz ayuda para las carreras relacionadas con la política, el ejército, las embajadas.

Síntesis. El Emperador concreta la realización, tras la acción de la Emperatriz.

V — EL SUMO SACERDOTE

Descripción. Un hombre con barba blanca, tocado con una tiara pontificia dividida en tres partes. Con la mano derecha da su bendición y sostiene en la mano una cruz con tres travesaños. Arrodillados a sus pies, hay dos monjes tonsurados.

Simbología. Imagen de equilibrio, el número cinco, mediador, conduce al conocimiento. La influencia conjugada de Venus y Saturno lleva, por una parte, a la bondad, la dulzura y la armonía, y, por otra, intensifica la necesidad de vida interior, de lógica y de razonamiento.
El Sumo Sacerdote da su bendición, indicando el camino de la humanidad y de la salvación. Su barba blanca, imagen de largos años de experiencia, confirma su competencia, su sabiduría y su dignidad.
La imponente tiara de oro, compuesta por tres sectores que indican el poder sobre los tres mundos, el mental, el anímico y el físico, refleja la suprema autoridad del pontífice. Las incrustaciones de piedras preciosas (como las de la Sacerdotisa) iluminan las tinieblas y conducen a la perfección.
En su mano enguantada, símbolo de la pureza ritual, el Sumo Sacerdote sostiene el cetro con la cruz triple que evoca la alta espiritualidad que actúa sobre el espíritu, el alma y el cuerpo. Los dos fieles arrodillados esperan confiados el mensaje del pontífice, simbolizando las fuerzas duales que hay en el ser humano: la aceptación pasiva y a la vez la recepción activa.
El Sumo Sacerdote hace resplandecer el fuego espiritual que conduce al amor divino.

EL SUMO SACERDOTE

Personalidad. La benevolencia y la generosidad reciben una protección psíquica y espiritual. El Sumo Sacerdote anuncia buenos consejos, bondad, indulgencia, sabiduría y espiritualidad.

Sentimientos. Es índice de comprensión e indulgencia. Las relaciones amistosas y sentimentales están impregnadas de calma y de paz. La sinceridad de los sentimientos recíprocos es tranquilizadora y las promesas se mantienen. El Sumo Sacerdote reconcilia en los casos de desavenencias y legaliza las uniones.

Profesional. Las actividades relacionadas con la enseñanza o las profesiones liberales (notario, abogado, médico) se ven particularmente favorecidas. Pero todas las demás actividades cuentan con protección y conciliación. Los negocios se llevan de manera adecuada y reflexiva. Se firman contratos.

Material. A pesar de no estar demasiado relacionada con el aspecto material, esta carta es la imagen de la generosidad. Señala un buen equilibrio en las finanzas mediante una protección evidente. Las dificultades son superadas gracias a una confiada paciencia.

Salud. Se anuncia una rápida recuperación de la salud; la curación está próxima. Esta carta puede también representar al médico o al terapeuta que producirá la curación.

Espiritual. La fe y la indulgencia llevan a una vocación con vastas posibilidades espirituales.

Temas varios. El fluido positivo del Sumo Sacerdote es lo suficientemente poderoso como para neutralizar los aspectos negativos de una apuesta.

Síntesis. El Sumo Sacerdote indica ante todo una gran protección. Se experimentan la conciliación, la armonía y la respetabilidad.

VI — EL ENAMORADO

Descripción. Dos mujeres totalmente opuestas requieren a un hombre joven, inmóvil. Por encima de su cabeza, un Cupido de alas azules se apresta a disparar una flecha.

Simbología. El seis, conocido como el número del pecado o de la fatalidad, representa un conflicto existente entre el bien y el mal. La influencia venusina confirma el sentimiento y la dulzura, así como la dedicación y la simpatía.
Inseguro del camino que le conviene seguir, vacilando ante la decisión que debe tomar, el Enamorado pasa por la difícil prueba de la elección.
A su izquierda, hay una joven de rostro sereno, con los cabellos sueltos, que no ejerce ninguna presión sobre su decisión. El color rubio de los cabellos acentúa su espiritualidad. Preside un camino que conduce a la sabiduría y la fe. Simboliza la virtud que guía con amor real, sin deseo de posesión.
A su derecha, otra mujer, más persuasiva, apoya firmemente la mano sobre su espalda. Se halla ante el camino de los placeres que se sacian rápidamente; su brevedad acentúa su insignificancia. Encarna el vicio tentador y la facilidad.
Por encima de sus cabezas, Cupido se prepara para disparar la flecha, principio de acción y de movimiento, que empujará al iniciado hacia el camino elegido, haciendo más difícil el retorno. El brillo del amor que actúa en todos los planos emana de los largos rayos azules, rojos y amarillos. Las alas azules del ángel revelan el deseo de alzar el vuelo hacia la espiritualidad.
¿La facilidad o los esfuerzos? El Enamorado goza del libre albedrío y debe afrontar solo la elección que le es impuesta.

EL ENAMORADO

Personalidad. La vacilación y la incertidumbre frenan los impulsos y las decisiones que se deben tomar. El enamorado anuncia la debilidad, la prueba, la elección, el libre albedrío, la inconstancia.

Sentimientos. Esta carta es índice de una crisis sentimental. Una doble proposición puede colocar en aprietos. Las emociones interiores plantean problemas. Incertidumbres o aspectos demasiado superficiales que defraudan y provocan malentendidos. Contrariedades tanto en el amor como en la amistad.

Profesional. La actividad que le ocupa no permite una libertad plena. La inconstancia es causa de una posición de debilidad y de dependencia de las jerarquías. Las desavenencias acentúan la falta de confianza en sí mismo y traban el desarrollo de los negocios y de las empresas.

Material. El equilibrio material es difícil de mantener. Habrá fuertes preocupaciones y será necesario sacrificarse. Las finanzas están sometidas a toda clase de inconvenientes, y los ingresos no corresponden a lo que se esperaba.

Salud. Advierte contra la anemia y los problemas circulatorios.

Espiritual. Es posible desprenderse de lo material y lo fácil para ir hacia la fe y lo ideal, contando para ello con tiempo y dedicación.

Temas varios. Las cartas vecinas permiten conocer el resultado de las posibilidades que se ofrecen al consultante.

Síntesis. El Enamorado nos pone ante una prueba. Indica siempre una elección, realizada siempre según el libre albedrío.

VII — EL CARRO

Descripción. Un joven de aspecto triunfal sobre un carro rematado por un baldaquín y tirado por dos caballos. Tocado con una corona de oro, sostiene en su mano derecha el cetro de mando.

Simbología. Número de los dioses, sagrado y perfecto, el siete señala una transformación positiva.
La influencia marciana confiere una gran energía y una potencia fogosa. Se confunden ardor y agresividad, pasión y violencia. Sereno y confiado, maestro de su destino, el «Guerrero» parte con exaltación a la conquista de su ideal.
Antes de partir al combate, se ha protegido con una coraza, y está preparado para afrontar choques y pruebas. Las hombreras que adornan su coraza aportan a la vez el conocimiento, la experiencia y la lucidez frente al destino.
Porta sobre su cabeza la corona de oro del poder y del querer; en su mano derecha sostiene el cetro de la dominación: estos dos símbolos de autoridad le dan la energía necesaria para luchar y vencer los obstáculos. El carro, vehículo en movimiento, avanza... El hombre es arrastrado hacia una actividad incesante, simbolizada por las ruedas, o ciclos de la vida, que giran hacia el infinito. Las columnas rojas y azules que sostienen el baldaquín representan las potencialidades positivas y negativas, que dejan al guerrero a su «libre albedrío». Los dos caballos unen sus fuerzas opuestas para tirar del carro y conducir a su amo a la victoria.
El joven apasionado y seguro de sí mismo avanza para recorrer el mundo, con el objetivo de combatir, vencer y triunfar en la vida.

EL CARRO

Personalidad. La fogosidad y la energía conducen al éxito y la victoria. El Carro anuncia el triunfo, la lucha, la fuerza, el poder, la perseverancia.

Sentimientos. El Carro indica un posible encuentro en el curso de un viaje o un desplazamiento. Se controlan las emociones interiores y las relaciones afectivas son felices. La buena comprensión refuerza los vínculos afectivos favoreciendo también las uniones. Esta carta preserva de los conflictos y conduce al triunfo de la felicidad.

Profesional. Posibilidad de progreso y de acciones de todo tipo. La dominación y la potencia, bien dirigidas, permiten el éxito en las profesiones que requieren poder y mando. Al igual que el Emperador, el Carro anuncia una fuerza de carácter sin fisuras que logra satisfacer todas las ambiciones.

Material. Se confirma la seguridad de un éxito financiero, y aparecen posibilidades de importantes ganancias. Las dudas y las inquietudes se desvanecen y resulta fácil escapar a las preocupaciones. El triunfo material se impone rápida y eficazmente.

Salud. Una excelente vitalidad permite vencer los pequeños malestares.

Espiritual. Una gran libertad de acción abre la vía de la armonía. El «fuego» interior transforma las fuerzas negativas.

Temas varios. Amparo en los viajes, los estudios y todos los proyectos que desee poner en marcha.

Síntesis. Sinónimo de victoria, el Carro transita por el camino de la construcción activa, y las metas perseguidas se alcanzan fácilmente.

VIII — LA JUSTICIA

Descripción. Una mujer de rostro severo, con un birrete judicial, sentada sobre un trono de elevados montantes. Sostiene con la mano derecha una espada y con la izquierda una balanza de oro.

Simbología. Sin fin ni comienzo, el ocho es un número «cósmico».
Las influencias de Venus y Saturno producen, por una parte, una necesidad de verdad y justicia y, por la otra, intensifican la lógica, el razonamiento y las estructuras.
La Justicia, que desde la antigüedad se representa con rasgos femeninos, nos recuerda a Themis, simbolizada siempre con la balanza, la espada y la venda sobre los ojos en señal de imparcialidad.
La justicia divina de nuestro Tarot está tocada con un birrete judicial rematado con una pequeña corona de oro. Este emblema de soberanía, que indica los rigores de la ley, está adornado con un signo solar, lo que confirma que las acciones se ejecutan a plena luz del día.
Al igual que el Emperador, luce el collar trenzado de la fuerza y de la unión. En la mano de la razón sostiene la espada de la potencia y del valor. Al transmitir todo su poder a la mano que la sostiene, esta espada podrá abatirse brutalmente para castigar a los malvados y proteger a los virtuosos.
En la mano izquierda, la balanza de oro nos recuerda que la incorruptibilidad es la base misma de toda justicia. Sinónimo de equilibrio, de prudencia y de orden, este instrumento sirve para pesar las cosas materiales pero también los actos y las intenciones. Instalada sobre un trono de macizos listones, la Justicia alía la estabilidad con la disciplina implacable y emitirá sus sentencias con severidad pero... con Justicia.

LA JUSTICIA

Personalidad. El rigor y la lógica permiten un juicio estricto y eficaz. La Justicia anuncia la equidad, la imparcialidad, el orden, la severidad, el sentido práctico.

Sentimientos. Esta carta es índice de buen juicio con respecto a las relaciones sentimentales. La rectitud y la honestidad aportan un equilibrio adecuado en los contactos afectivos. Sin embargo, a veces puede señalar una carencia de flexibilidad en las costumbres o acentuar la frialdad en el lenguaje amistoso. La Justicia, como el Sumo Sacerdote, legaliza las uniones.

Profesional. Las profesiones relacionadas con el derecho o la administración serán estimuladas. Esta carta permite restablecer el equilibrio en los momentos de desorden. Cualquier análisis que se realice en el marco de una evolución profesional será correcto.

Material. Una gran prudencia permite la estabilidad en las finanzas. El consultante sabe sopesar los pros y los contras para restablecer el equilibrio financiero. Si se presentan dificultades, serán el resultado de una ligereza o de una imprevisión por parte del consultante.

Salud. Los bronquios son órganos frágiles; deben temerse dificultades respiratorias.

Espiritual. La justicia divina, guiada por la razón, puede abrirse a la armonía cósmica.

Temas varios. Representa todos los hechos relacionados con la justicia o con la ley, como el matrimonio, el divorcio, los contratos, los procesos, las herencias, etc.

Síntesis. La justicia estricta y severa aporta estabilidad a quienes la buscan. La espada, presta a abatirse, va a definir la situación y a permitir la liberación.

IX — EL ERMITAÑO

Descripción. Un hombre con barba, envuelto en un gran manto, avanza lentamente alumbrándose con una linterna que sostiene con la mano derecha. Un bastón, en la mano izquierda, guía sus pasos.

Simbología. El número nueve posee un valor ritual. Último en la serie de números, anuncia a la vez un fin y un recomienzo.
La influencia saturniana, de andar lentamente pero de manera regular, favorece las búsquedas interiores, las estructuras y el trabajo «en profundidad».
El hombre barbado que avanza lentamente sobre un terreno seguro personifica la experiencia adquirida a lo largo de la vida. Vestido con hábito de monje y envuelto en un gran manto para destacar su austera sencillez, su discreción y su rechazo de lo artificial, va prudentemente hacia delante por el camino del conocimiento. La linterna le alumbra y le asiste en su búsqueda de la sabiduría y la espiritualidad. Sin embargo, hay que recordar que esta búsqueda de lo absoluto contiene diferentes etapas que hay que vivir lo más discretamente posible. Es la razón por la cual el Ermitaño vela ligeramente la linterna a la altura de su rostro. El bastón permite la comunicación con las fuerzas telúricas: símbolo igualmente de sabiduría, el Ermitaño sabe que podrá, si lo necesitara, apoyarse en él para continuar su ruta. Lo artificial, lo superficial y lo brillante no existen para este hombre que ha emprendido la búsqueda de sí mismo y de su valor intrínseco. Solitario, parte en busca de la verdad, pues sabe que su experiencia es limitada comparada con todo lo que todavía ignora.

EL ERMITAÑO

Personalidad. La fe y la paciencia abren la vía del conocimiento y la meditación. El Ermitaño anuncia la sabiduría, la soledad, la paciencia y la abnegación.

Sentimientos. Esta carta expresa la interiorización de sentimientos. La soledad de corazón, el aislamiento y el repliegue, pueden frenar los impulsos afectivos. Las atracciones serán serias y profundas pero no se manifestarán. El Ermitaño es también la representación de la soltería voluntaria o sobrevenida.

Profesional. Las actividades se retrasan bastante. La lentitud de las realizaciones es desalentadora. Los proyectos deben estructurarse muy seriamente si se desea llevarlos a buen fin. Esta carta favorece la enseñanza y los trabajos relacionados con la investigación.

Material. Se deben prever restricciones financieras. Se impone la austeridad. Los ingresos son escasos y provocan aprietos. Las obligaciones sociales complican el presupuesto y contrarían al consultante.

Salud. Preocupaciones por la fragilidad de la columna vertebral.

Espiritual. La búsqueda continua del conocimiento y de la sabiduría abre el camino de la luz espiritual.

Temas varios. Apoyo a la enseñanza, los estudios esotéricos y la búsqueda en soledad.

Síntesis. El Ermitaño expresa el desapego de todas las frivolidades. La iluminación interior y la discreción confirman una gran potencia interna.

X — LA RUEDA DE LA FORTUNA

Descripción. Dos genios, encaramados a una rueda, parecen hacerla girar. Por encima de esta rueda, cuyos soportes descansan en el suelo, aparece firmemente instalada una esfinge alada y coronada.

Simbología. El número diez, símbolo de la creación universal, expresa el retorno a la unidad, anunciando a la vez la renovación y la «totalidad».
Las influencias de Urano y Júpiter confirman, por una parte, la evolución en otra dimensión y, por la otra, dinamismo, suerte y expansión.
La rueda, imagen esencial de esta carta, corresponde a los ciclos de la vida, a los inicios, a las exigencias siempre nuevas y más sabias. La manivela, símbolo de la potencia divina, hace girar la rueda, cuyos seis rayos reflejan la armonía. Por un lado, el genio del bien se eleva hacia el cielo y la luz; es la elevación y la evolución activa. Permite una reconstrucción a la vez interior y exterior. Su presencia de ánimo, debida a su inteligencia, le brindará oportunidades constructivas. Por otro lado, el genio del mal cae hacia la tierra y las tinieblas, representando la caída, la involución. Debido a su negligencia, se precipita hacia el mundo de la materia y la destrucción. Coronada de oro, la esfinge impasible domina en lo alto de la rueda. Principio de equilibrio, tiene el poder de zanjar las dificultades, pues posee todas las llaves del conocimiento.
La rueda gira, es la rueda del destino y de las transformaciones. Se producirán acontecimientos, se presentarán oportunidades, la evolución parece segura.

LA RUEDA DE LA FORTUNA

Personalidad. La suerte y el dinamismo aceleran la acción de manera positiva. La Rueda de la Fortuna anuncia los resultados, el azar, la fortuna, las transformaciones, la energía constructiva.

Sentimientos. Esta carta indica encuentros fortuitos con ocasión de algún desplazamiento. Nuevas relaciones con las que se establecen rápidamente felices acuerdos. Todos los lazos afectivos se ven mejorados. La liberación de los sentimientos permite la comprensión y la armonía en las relaciones amistosas o amorosas.

Profesional. Todo lo relacionado con el comercio se ve favorecido. En los demás casos, se cuenta con gran libertad de acción. Un progreso ventajoso y estable en sus actividades y también en el ámbito social. Los proyectos se concretan con inusitada rapidez.

Material. La suerte y el azar permiten la mejoría de las finanzas. Los proyectos económicos se ven coronados por el éxito. La providencia libera de todas las preocupaciones materiales.

Salud. Una nueva energía permite recuperar las fuerzas.

Espiritual. Esta carta, que simboliza los ciclos de la vida o las reencarnaciones, ofrece excelentes posibilidades en el plano esotérico.

Temas varios. Se aceleran las mudanzas, los estudios y los desplazamientos.

Síntesis. La Rueda de la Fortuna da movimiento a la vida. Impulsa las realizaciones ambiciosas y en constante evolución.

XI — LA FUERZA

Descripción. Tocada con un sombrero de ala ancha en forma de ocho, una joven abre sin esfuerzo la boca de un león que se somete sin reaccionar violentamente.

Simbología. El número once marca un conflicto. El uno contra el uno simboliza la lucha interior entre dos antagonistas. La influencia marciana y jupiterniana subraya, por una parte, la lucha, el valor y la energía; por la otra, la eficacia, la autoridad, la potencia.
La joven y el león representan la oposición de dos fuerzas que se armonizan para alcanzar la unificación y el poder. Esta mujer de rostro dulce y sereno luce un sombrero en forma de ocho que recuerda al del Mago; el sentido del poder espiritual está confirmado por la pequeña corona de oro que remata este tocado. Los brazos y las manos indican una actividad y una creatividad razonables.
La joven despliega toda su energía interior y ejerce sobre el león una presión exenta de brutalidad. Emblema de soberanía, este animal muestra la potencialidad de su instinto y su orgullo, así como la convicción de su superioridad. Sin embargo, en este caso se somete sin rebelión ni agresividad.
Un fuerte magnetismo emana de esta mujer de apariencia frágil, que domina fácilmente a la fiera.
Dos fuerzas poderosas se armonizan y nos hacen tomar conciencia de que todos poseemos, en nuestro interior, el poder de dominar las situaciones difíciles.

LA FUERZA

Personalidad. La energía psíquica, física, intelectual y espiritual brinda todas las posibilidades de éxito en las empresas. La Fuerza anuncia el valor, el dominio, la vitalidad, el poder, la determinación.

Sentimientos. Es expresión de sentimientos fuertes y profundos. El encanto magnético y pasional se armonizan para consolidar las relaciones afectivas. Las amistades están basadas en la mutua confianza. La Fuerza anuncia con frecuencia nuevas relaciones sentimentales.

Profesional. El poder, la autoridad, pero también el magnetismo, juegan a favor del consultante en las relaciones profesionales. El éxito coronará los proyectos que nos importen y, de este modo, se satisfarán las ambiciones. Con esta carta resultará fácil imponer las propias ideas y hacer valer las posibilidades personales.

Material. La situación financiera es sólida y equilibrada. Todo lo que se refiere al ámbito material está perfectamente en orden. En caso de dificultades, se encontrarán soluciones y se gozará de seguridad pecuniaria.

Salud. Una extraordinaria vitalidad excluye cualquier preocupación por la salud.

Espiritual. Una gran fuerza interior ofrece notables posibilidades de fe y de amor.

Temas varios. Cuando las energías de la joven se vuelvan demasiado «materiales», se debe temer la agresividad y la violencia.

Síntesis. Con la Fuerza, se superan todas las pruebas gracias al dominio interior. Se cuenta con los elementos necesarios para salir de los aprietos.

XII — EL COLGADO

Descripción. Un joven colgado del pie izquierdo a un madero que se apoya en dos troncos cuyas ramas han sido cortadas. La pierna derecha está doblada sobre la otra en forma de cruz y las manos se hallan cruzadas a la espalda.

Simbología. El doce simboliza el Universo, tanto en su complejidad interna como en su desarrollo cíclico «espacio-tiempo».
La influencia de Neptuno acentúa la falta de energía que conduce a la depresión. Pero este planeta expresa también cierto misticismo.
Para no tener que hacer frente a las dificultades y a las luchas de la vida, el joven se ha colgado voluntariamente de un pie.
Una pierna está atada con una cuerda a un pedazo de madera muerta que simboliza el lugar del sacrificio. La otra pierna, doblada, tiene libertad de movimientos. Exenta de todo impedimento, está lista para cualquier acción y da la posibilidad de liberación.
Los brazos, cruzados por detrás de la espalda, ocultan las manos, sinónimos de actividad. La inmovilidad es completa. Este joven acepta su destino. Los dos troncos que sostienen el madero del sacrificio, están asociados con los bastos de los «arcanos menores». El bastón, imagen de poder, está aquí inmovilizado, confirmando la renuncia al mando.
Sobre dos montículos verdes brota la hierba de los hechiceros o mandrágora, lo que prueba que el sacrificio es una rica simiente que da siempre sus frutos. Lo mismo significan las doce cicatrices rojas de las ramas cortadas. La savia, como la sangre, expresa que la vida es un perpetuo renacimiento.
La realidad material no afecta al Colgado. Tampoco le preocupa la inactividad a la que él mismo se ha condenado, pues dispone de un gran poder espiritual.

EL COLGADO

Personalidad. La renuncia y los bloqueos obligan a pasar pruebas y a hacer sacrificios. El Colgado anuncia la sumisión, la impotencia, la pasividad, el ensimismamiento y el desinterés.

Sentimientos. En el plano sentimental, habrá que hacer sacrificios y resignarse. Hay una profunda devoción, que llega casi hasta el olvido total de sí mismo. Esta carta confirma las rupturas afectivas y anuncia falsas esperanzas o errores en las relaciones amistosas y amorosas.

Profesional. Son previsibles los sinsabores en la actividad habitual. La imposibilidad de actuar o de manejar la vida profesional desalienta al consultante. Se desaconsejan las asociaciones. Debe temerse una pérdida de popularidad o de poder. Existe también riesgo de perder el empleo.

Material. Los compromisos financieros no se mantendrán. Hay riesgo de pérdida económica. Todo lo que se refiere al terreno material provocará preocupaciones. Esta carta previene sobre los peligros de estafas y de robos.

Salud. Debe temerse la depresión, la pérdida de vitalidad.

Espiritual. La evolución interior orienta hacia un progreso espiritual místico.

Temas varios. Asociada con la carta XV, el Diablo, esta figura anuncia abusos de confianza de todo tipo.

Síntesis. Aunque esta carta representa la renuncia y el sacrificio, el Colgado es receptivo a todas las fuerzas cósmicas. El estado de espera permite comprender cómo deben atravesarse las diferentes etapas de la vida.

XIII — LA MUERTE

Descripción. Un esqueleto camina llevando una guadaña con la hoja roja. Cabezas, pies y manos surgen de la tierra negra. La hoja roja pasa entre las plantas azules y amarillas.

Simbología. El número trece significa vover a comenzar, iniciar una reconstrucción. Considerado desde la antigüedad como de mal augurio, indica sin embargo una transformación saludable. En el Tarot de Marsella, la carta aparece sin nombre.
La influencia saturniana subraya el paso del tiempo, la lentitud de la actividad, las pruebas, la fatalidad y el otoño de la vida. Aunque la figura resulta inquietante, no presagia forzosamente la muerte. Sobre todo, indica una transformación. El segador es un esqueleto pues se ha despojado de toda apariencia superficial y provisional: la verdad interior se revela y la vida se transforma por el paso de un estado a otro.
A partir del siglo XV la guadaña apareció entre las manos del esqueleto para simbolizar la muerte, pues este instrumento corta todo lo que está vivo. Pero la guadaña, como la hoz, son sólo instrumentos agrícolas que marcan los ritmos estacionales que se repiten incansablemente. La muerte existe pero también, siempre, la esperanza de una nueva vida. La columna vertebral del esqueleto, por otra parte, se ha materializado en una espiga de trigo. La hoja roja evita las cabezas, los pies y las manos que surgen de la tierra. Las manos están preparadas para la acción y los pies van a permitir el progreso de las ideas en marcha para una cercana reconstrucción.
Con la liberación de todas las exigencias materiales, la paz y la serenidad pueden leerse en los dos rostros que parecen salir del oscuro suelo.
La Muerte nos hace comprender que es preciso aceptar el resultado de un pasado que hay que reconstruir, pues en la vida nada cesa, sino que todo prosigue.

LA MUERTE

Personalidad. La transformación y la renovación traen aparejados cambios muy importantes. La Muerte anuncia la tristeza, los retrasos, la fatalidad, el desapego y la renovación.

Sentimientos. La Muerte es índice de una separación, de un alejamiento, incluso de una ruptura familiar, amistosa o sentimental. Esta carta es el fin de un amor, de una amistad. Conduce al divorcio y entraña penas y lágrimas.

Profesional. Se anuncia el fin de un período profesional. Se produce un cambio radical en la actividad. Se debe prever una renovación completa. Puede tratarse de una jubilación o de la pérdida del empleo. Los contratos se cancelan o se renuevan.

Material. Existe riesgo de crisis en las finanzas. Dificultad para recibir ingresos: a veces se retrasan, otras se suprimen. Los apremios y las obligaciones económicas inquietan al consultante.

Salud. El esqueleto es frágil; hay que cuidarse del riesgo de heridas y golpes.

Espiritual. El paso de un estado a otro prepara para renacer en el camino interior.

Temas varios. Segando incansablemente, el segador «libera» de las luchas y las dificultades.

Síntesis. La Muerte es el sufrimiento de la agonía, la liberación por la muerte y el renacimiento a una nueva vida.

XIV — LA TEMPLANZA

Descripción. Una joven alada con los cabellos azules adornados con una flor roja en forma de estrella. Permanece de pie e inmóvil y vuelca incesantemente el contenido de un cántaro azul en otro rojo.

Simbología. El número catorce es la expresión de una transformación feliz y equilibrada. Como implica la suma de diez más cuatro también es símbolo de la unidad cósmica.
Las influencias de Urano y Saturno entrañan una evolución y un cambio profundo gracias a sólidas estructuras. La joven alada, dulce y serena, vuelca al infinito el elemento vital de la fertilidad y la purificación. Las alas de este genio simboliza la elevación hacia la intelectualidad y la espiritualidad. Trasvasa interminablemente el agua, sustancia esencial para la vida, la fecundidad y la pureza. Los cántaros o «reservas de vida» son uno rojo y otro azul, afirmando así un perfecto equilibrio entre lo material y lo espiritual, entre la razón y la sensibilidad, entre lo solar y lo lunar.
Como mediadora, aparece también vestida de azul y rojo, garantizando así la energía desplegada para alcanzar una meta y un ideal que deben conducir a la calma, la serenidad y la paz del cuerpo, el espíritu y el alma.
El genio de la Templanza tiene en la frente una flor en forma de estrella de cinco puntas que simboliza el amor, la armonía y la esperanza, así como la luz. Este ángel solar, que se asocia a Rafael, templa, armoniza, fortalece y abre la vía de la universalidad. La ascensión es lenta pero regular: el avance seguirá un curso equilibrado con una tranquilidad absoluta.

LA TEMPLANZA

Personalidad. La serenidad y la armonía conducen a una vida equilibrada. La Templanza anuncia la sociabilidad, la adaptabilidad, la modestia, la paciencia, la moderación.

Sentimientos. Es, ante todo, índice de amistad, por lo que resulta muy favorable para las relaciones con los demás, armonizando perfectamente los sentimientos. Permite que la serenidad reine en el ambiente familiar y propicia la felicidad conyugal. La Templanza anuncia nuevas relaciones y los vínculos sinceros se afirman rápidamente.

Profesional. Las buenas relaciones que se establecen con facilidad benefician la vida activa. La evolución profesional es lenta pero regular. Esta carta permite esperar un progreso y una mejora en la posición social. Las relaciones de trabajo pueden también ser apoyos eficaces para el éxito.

Material. Las finanzas mejoran de manera excelente. Las iniciativas permitirán una evolución encaminada a un perfecto equilibrio. Las posesiones y las finanzas no se verán obstaculizadas de ninguna manera y desaparecerán todas las preocupaciones.

Salud. El fluido vital permite recuperar las energías.

Espiritual. Las energías espirituales con que se cuenta conducen hacia una armonía cósmica.

Temas varios. La benevolencia del ángel suaviza el efecto de todas las cartas circundantes, atenuando las fuerzas negativas.

Síntesis. La Templanza calma y apacigua. Permite alcanzar la perfecta serenidad. Se avanza de manera equilibrada y beneficiosa.

XV — EL DIABLO

Descripción. Un monstruoso ser andrógino, semidesnudo, con senos de mujer y alas azules, que cubre su cabeza con un extraño sombrero. Sostiene en la mano izquierda una espada dirigida hacia arriba. Dos diablejos desnudos, con las manos ocultas en la espalda, están encadenados al pedestal sobre el cual reina.

Simbología. Número de Satán, el quince impone su voluntad. 1 + 5 = 6..; debemos elegir entre dos vías: una benéfica, que nos lleva hacia la luz; la otra, maléfica, nos conduce a las tinieblas.
Las fuertes influencias misteriosas y ocultas de Plutón hacen temer la potencia del orgullo y la violencia del Diablo. El abuso, en todas sus formas, se pone de relieve por la influencia jupiteriana.
Como representación de lo maligno, este personaje central de fuerte poder, suscita inquietud debido a su inteligencia penetrante. Con el objeto de poder dominar más y satisfacer mejor su orgullo, se ha instalado sobre un pedestal precario y de dimensión modesta, del que puede caer en cualquier momento.
Andrógino, sus tendencias masculinas/femeninas se confunden: todos los individuos heredan características del Yin-Yang, por lo que se puede concluir que el patrimonio de todo ser humano es bisexual.
Ciertos rasgos dominan, mientras otros permanecen sepultados en lo más profundo de sí mismo.
Sus alas de murciélago, símbolo de terror, no son más tranquilizadoras que su casco, en el que los cuernos determinan su potencia. Con sus zarpas aferra todo lo que desea poseer.
Empuña la espada de la fatalidad dirigida hacia arriba que le permite captar todas las fuerzas vitales y las energías del ambiente, de las cuales sabe servirse muy bien. Siempre esgrime su espíritu de poder y de dominación; por eso ha encadenado a su pedestal dos esclavos que halagan su vanidad. Desnudos, despojados de todo, con las manos atadas a la espalda, están obligados a una sumisión total.
El Diablo, criatura peligrosa, nos muestra que vivimos en un mundo de esclavitud material, un mundo dominado por instintos que nos conducen a pasiones y tentaciones de todo tipo.

EL DIABLO

Personalidad. El poder personal y material implica el dominio de todas las fuerzas. El Diablo anuncia las maquinaciones, las intrigas, el orgullo, los deseos y las tentaciones.

Sentimientos. Es índice de pasiones. Las relaciones con el entorno serán fuertes, pasionales y dominantes. Los encuentros se limitan a relaciones pasajeras. Esta carta no es favorable para el medio familiar, pues provoca disgustos y discusiones.

Profesional. El poder del dominio y la influencia sobre los demás permiten el éxito profesional y social. Todos los medios serán buenos para alcanzar sus fines. Sus ambiciones se verán coronadas por el éxito gracias a un sagaz control de la situación. El orgullo vence todos los obstáculos.

Material. El aspecto material es positivo. Un perfecto dominio en este campo permite percibir importantes ingresos. La legalidad no está siempre presente y la honestidad es dudosa. La necesidad de «tener cada vez más» arrastra al consultante a la obsesión material.

Salud. Deben temerse y vigilarse las infecciones, así como la transmisión de enfermedades sexuales.

Espiritual. Las fuerzas ocultas son poderosas pero la evolución se realiza más en el plano material que en el espiritual.

Temas varios. Representa todas las «pasiones»: el juego, el alcohol, la droga.

Síntesis. El Diablo simboliza nuestros deseos y tentaciones. Su fuerte naturaleza hace que su voluntad se imponga en todos los planos.

XVI — LA TORRE

Descripción. Un rayo alcanza la cúspide de una torre almenada con tres ventanas. A cada lado de la escena, bolas rojas, azules y blancas caen sobre la tierra. Dos personajes sufren el mismo castigo al ser precipitados a tierra.

Simbología. El número dieciséis construye o destruye. Dos veces ocho: por un lado, la justicia y el rigor; por el otro, el castigo, el choque o la conmoción. La influencia plutoniana acentúa el aspecto violento y confirma una poder misterioso y maléfico.
Por analogía, esta escena podría relacionarse con la Torre de Babel, obra del orgullo humano. El hombre creyó que podía desafiar al cielo mediante una construcción humana.
La Torre representa el retraso espiritual del hombre. Por eso el cielo aniquila, con su llama destructora, la parte superior de la torre, que se derrumbará. Debido a este remate que cae, es posible comprender lo peligroso que es elevarse demasiado sin tener en cuenta las advertencias.
Dos personajes sufren el castigo de la cólera divina. Al caer, por reflejo, ponen las manos hacia adelante. Ese primer contacto con el suelo les va a permitir recargarse rápidamente, gracias a las fuerzas telúricas. De ese modo, podrán levantarse y volver al punto de partida para comenzar de nuevo, tras la severa lección, la lucha de un largo ascenso.
Las bolas de color que caen hacia la tierra simbolizan las energías perdidas por orgullo o ignorancia, pero serán también las semillas de una nueva construcción. Las tres ventanas azules permiten la apertura hacia lo inconsciente y la espiritualidad.

LA TORRE

Personalidad. Choques y conmociones que contrarían los proyectos y las esperanzas. La Torre anuncia rupturas, quiebras, caídas, accidentes y destrucciones.

Sentimientos. Este arcano es índice de desacuerdos conyugales, de conflictos amistosos, de separaciones sentimentales y de divorcios. El consultante se ve trastornado por malentendidos. Las relaciones se ven perturbadas, lo que casi siempre trae aparejado un choque moral.

Profesional. Oposiciones y malentendidos que amenazan con modificar de manera nefasta todas las actividades profesionales y sociales. Se anuncian pérdidas de empleo y despidos. Conflictos en el ambiente de trabajo que pueden provocar graves rupturas.

Material. Las catástrofes son previsibles. La falta de dinero crea una situación inquietante y preocupante. Los ingresos no llegan; los fracasos, en cambio, no tardan en aparecer. Los apremios empiezan a ser numerosos.

Salud. Esta carta simboliza el hospital, por lo que puede indicar intervenciones quirúrgicas o, por lo menos, análisis médicos realizados en un hospital.

Espiritual. Reina la confusión. El fracaso de las ambiciones puede abrir la vía de la humanidad y la comprensión.

Temas varios. Es aconsejable ver en esta carta una recomendación. Ante todo, representa una advertencia.

Síntesis. La Torre, carta de conmoción y de choque, es necesaria para el avance y el progreso en la vida de todos.

XVII — LA ESTRELLA

Descripción. Una muchacha desnuda, de cabellos largos y azules, arrodillada al borde de un estanque. Derrama agua en la tierra y en el estanque. Ocho estrellas brillan sobre su cabeza.

Simbología. El diecisiete es un número de esperanza y de fe. El equilibrio y la estabilidad se encuentran en él debido a su aspecto «cósmico»: 1 + 7 = 8. La influencia venusiana otorga la dedicación, la dulzura, la simpatía, el encanto y la armonía.
En su desnudez, la muchacha simboliza la pureza y la verdad. Sus cabellos, largos y azules, irradian la fe y el amor universal. Vuelca el agua al infinito sobre la tierra, para fertilizarla y permitir su regeneración en el estanque. Esas dos reservas de vida nos recuerdan a los cántaros del genio de la Templanza. Aquí, sin embargo, hay una diferencia de colores: no se encuentra, en efecto, el equilibrio entre el azul y el rojo, sino únicamente el rojo, para destacar que la espiritualidad debe extraerse de la materia.
Por encima de esta dulce joven, la Estrella de Venus, o Estrella del Pastor, brilla en medio de las otras siete estrellas, fuentes de luz, que horadan la oscuridad y aportan la esperanza, la armonía y el amor.
En segundo plano, los arbustos verdes recuerdan la fertilidad mientras que el ave, por su gracia y ligereza, simboliza la elevación espiritual.
Después de la Torre, esta carta indica que hay que conservar las esperanzas aunque nos encontremos despojados de todo bien.

LA ESTRELLA

Personalidad. La esperanza y la fe permiten la realización de todos los proyectos. La Estrella anuncia el encanto, el movimiento, la dulzura, la expansión y la confianza.

Sentimientos. Indica sentimientos profundos y sinceros y procura la realización de todos los anhelos afectivos. Permite que reine la serenidad en el ambiente familiar y la felicidad conyugal. Es anuncio de nuevas amistades, de encuentros armoniosos.

Profesional. Todas las actividades relacionadas con la belleza, el arte, la estética, se verán favorecidas. En los demás casos, la situación mejora de manera satisfactoria. Todas las empresas se ven favorecidas y el éxito profesional y social está asegurado.

Material. En este ámbito, la suerte permite abrigar esperanzas de ingresos significativos. La parte material y financiera está bien protegida. Las adquisiciones y las finanzas en general no sufren ningún contratiempo. Las preocupaciones desaparecen.

Salud. Como con la Templanza, el fluido regenerador devuelve la energía.

Espiritual. Ya se ha adquirido la fe en uno mismo y una fuerza iluminadora acompaña al iniciado.

Temas varios. El significado de las cartas que la rodean será suavizado y modificado favorablemente por la buena estrella.

Síntesis. La Estrella aporta su influencia positiva y benévola. Protege en todos los terrenos y aumenta las esperanzas.

XVIII — LA LUNA

Descripción. Una luna alumbra una marisma en la que se encuentra un cangrejo. Dos perros ladran a la luna y dos torres macizas encuadran el paisaje. El astro femenino aspira gotitas multicolores.

Simbología. Número de insatisfacción, el dieciocho inclina hacia la tristeza y la decepción.
La influencia lunar abre las puertas de la receptividad, del sueño, de las ilusiones, acentuando el linfatismo.
La Luna, principio femenino, es símbolo de las creaciones imaginativas, de los sueños, de la sensibilidad, de la intuición y de la pasividad. El disco lunar aspira gotitas de diferentes colores: la Luna «bombea» las energías terrestres, atrayendo todo hacia ella... sin dar nada a cambio.
En primer plano se descubre al cangrejo que se refugia en el agua estancada de la marisma, acentuando así las costumbres, la rutina, el apego al pasado: todo un conjunto en el que se complace. Los dos perros representan la oposición entre el bien y el mal y, nutriéndose de las fuerzas invisibles de la noche, ladran a la luna. A menudo comparadas con los Templos de la Iniciación, las dos torres macizas que encuadran el paisaje son los refugios de la imaginación y tienen un papel protector.
La Luna, astro de la noche, emblema del mundo de los fantasmas y de lo oculto, es el símbolo del eterno femenino y de la fecundidad. La perseverancia permitirá que el hombre surja del pantano, que atraviese los obstáculos, que abandone la protección de las torres para avanzar hacia la línea del horizonte, hacia el futuro, hacia... el Sol.

LA LUNA

Personalidad. La imaginación y la sensibilidad conducen a la pasividad y al ensueño. La Luna anuncia la oscuridad, las angustias, la pereza, las decepciones, la intuición.

Sentimientos. Esta carta es índice de apego al hogar y a la familia. Fuerte sensibilidad y sentimientos recíprocos silenciosos pero reconfortantes. La Luna favorece las nuevas relaciones que implican cambios en la vida familiar; anuncia también una boda próxima.

Profesional. Se producen cambios. Las profesiones que requieren imaginación y creatividad se ven favorecidas. El éxito logrado gracias a los demás, el público, la clientela, etc., resulta igualmente favorecido. La situación social se orienta hacia excelentes perspectivas. La popularidad juega un papel muy importante en el trabajo.

Material. Aparecen al mismo tiempo un riesgo de dificultades financieras y un aumento de las ganancias gracias a una buena gestión. En general, los arreglos del hogar y todo lo que tenga que ver con la casa ocasionan gastos.

Salud. Las melancolías y las depresiones arrastran consigo el pesimismo y amenazan con provocar trastornos nerviosos.

Espiritual. Las contradicciones internas y las tensiones profundas plantean una duda y el camino permanece oscuro.

Temas varios. Los anuncios de embarazos y de nacimientos se ven favorecidos. La videncia resulta estimulada.

Síntesis. La Luna de la receptividad creativa y de la decepción oscura es el símbolo del tiempo que pasa.

XIX — EL SOL

Descripción. Un Sol imponente distribuye una multitud de gotitas sobre dos jóvenes personajes que aparecen casi desnudos. Detrás de ellos se distingue un pequeño muro de ladrillos amarillos y rojos.

Simbología. El número diecinueve anuncia la evolución, la «marcha hacia adelante». Número potente en su simbolismo, hecho con el primero y el último de la serie (1 + 9 = 10, o sea una totalidad).
La influencia Solar aporta todo su brillo y su resplandor, confiere los honores y la gloria y transmite la fuerza vital.
Después de las tinieblas de la noche, la claridad del sol nos aporta calor y vitalidad. Símbolo de autonomía y de creación, expresa la influencia fecundadora tanto en el plano material como en el espiritual.
Las emanaciones luminosas de sus rayos azules, amarillos y rojos permiten una perfección intelectual, intuitiva y activa. Al contrario que la Luna, que aspira todo hacia ella, el Sol distribuye una lluvia de energía sobre la tierra y los hombres. Aquí alumbra a dos personajes cuya juventud les asegura un porvenir rico en esperanzas y amor.
Cubiertos únicamente con un taparrabo azul, los jóvenes se juntan para formar la unidad y logran así un acuerdo perfecto, una sincera armonía interior.
Detrás de estos jóvenes, un pequeño muro de ladrillos les brinda defensa y protección.
Luz del conocimiento, el Sol viene a disipar la oscuridad y la soledad y abre la puerta de la resurrección.

EL SOL

Personalidad. El brillo y el resplandor permiten un éxito fácil y glorioso. El Sol anuncia la luz, la realización, el amor, la alegría, los logros.

Sentimientos. Esta carta anuncia relaciones afectivas muy felices que culminarán en una boda, la felicidad, el amor entre dos. Todos los afectos y las amistades triunfan y resplandecen de espontaneidad y sinceridad. Las esperas están colmadas de promesas y evolucionan por el camino de la alegría.

Profesional. El progreso está cercano y se inicia un excelente periodo de éxito en todas las actividades profesionales. Se establece una perfecta armonía en las relaciones de trabajo. El camino elegido conduce con seguridad al éxito. Los proyectos se concretan fácilmente. Esta carta da la posibilidad de «brillar».

Material. Interesantes ingresos materiales colocan al consultante en una situación floreciente. Los esfuerzos dejan atrás las esperanzas y permiten la riqueza. Las preocupaciones pecuniarias dejan de tener razón de ser: la vía de la abundancia está abierta.

Salud. A pesar de una buena vitalidad, se pueden temer problemas cardíacos y quemaduras.

Espiritual. La luz ilumina el alma y hace resplandecer el amor espiritual.

Temas varios. Las vacaciones, así como el amor, se ven favorecidas y resultarán muy felices.

Síntesis. El Sol ilumina y calienta. Permite «brillar» con luz propia y vivir en una perfecta expansión.

XX — EL JUICIO

Descripción. Un ángel emerge de una nube circular azul mientras toca una trompeta de oro. Dos personajes desnudos, con las manos juntas, parecen surgir de la tierra: se hallan frente a un niño que sale de una tumba.

Simbología. Por su doble acción (2 veces 10), el número veinte anuncia la renovación y la resurrección.
Las influencias conjugadas de Mercurio y Urano aceleran el movimiento y los cambios repentinos, y conducen a conmociones imprevistas. El ángel, guardián que vela sobre el mundo, anuncia una aceleración de las acciones y la elevación hacia la realidad. Cual mensajero, hace sonar una trompeta de oro en señal de aviso y trata de despertar nuestra conciencia.
En su mano izquierda presenta un banderín sobre el que se recorta una cruz griega que marca su poder, extensivo a los cuatro puntos cardinales.
Detrás de la nube azul, anuncio de espiritualidad y fecundidad, los largos rayos del sol expresan sus influencias activas e intuitivas.
Con las manos unidas en señal de fe, de inspiración, un hombre y una mujer parecen surgir de la tierra: están desnudos, es decir, despojados de su pasado. Se sitúan frente a un niño, imagen de pureza y de inocencia, que sale de una tumba.
Así aparecen a plena luz todos los deseos reprimidos, todo lo que estaba sepultado en lo más profundo de la conciencia.
No se trata de temer el «juicio final», sino de percibir un despertar a la vida. La resurrección va a permitir una nueva trascendencia. La conciencia se libera. El hombre abandona las tinieblas para vivir en un mundo nuevo.

EL JUICIO

Personalidad. El entusiasmo y la inspiración causan una rápida renovación. El Juicio anuncia los cambios repentinos, la resurrección, las mejoras.

Sentimientos. Este arcano indica nuevas relaciones afectivas, que evolucionan rápidamente de manera siempre beneficiosa. Al liberarse de ataduras, permite el buen acuerdo y la armonía en las relaciones amistosas y amorosas. La vida afectiva cobra un desarrollo inesperado. Las circunstancias son siempre sorprendentes, así como rápidas y felices.

Profesional. Habrá imprevistos que traerán prometedoras novedades en el trabajo. Los cambios son radicales y particularmente rápidos e inmediatos en sus efectos. La situación social se orienta hacia perspectivas felices. Los negocios de gran envergadura, así como las asociaciones, se ven favorecidos. Se deben prever desplazamientos de índole profesional.

Material. Se producen entradas de dinero que no se esperaban y que permiten un alivio económico. En efecto, la suerte y la providencia libran al consultante de todos los inconvenientes y el éxito se ve asegurado.

Salud. Promesa de curación con «nuevos» medicamentos.

Espiritual. Un renacimiento profundo e interior regenera e ilumina el juicio de la fe.

Temas varios. Se anuncian viajes, desplazamientos y «flechazos».

Síntesis. El Juicio es la carta de las nuevas posibilidades. Nos permite sentirnos seres nuevos en un mundo nuevo.

XXI — EL MUNDO

Descripción. Una mujer joven parece caminar por el interior de una corona de laureles. En los cuatro ángulos, los cuatro elementos están simbolizados por un toro, un león, un águila y un ángel.

Simbología. Sinónimo de madurez, el número veintiuno está asociado a la sabiduría y la virtud. Es también un número «de perfección»: 3 veces 7.
La influencia del Sol aporta a esta figura toda la gloria, el brillo y el resplandor. Marca una trayectoria de éxito y plenitud.
Con esta vigésima primera carta, llegamos al término de un ciclo, al final de una evolución.
En el centro de la corona de laureles, planta con la que se honra a los héroes y a los sabios como emblema de gloria y victoria, una joven desnuda evoluciona con gráciles movimientos. Capta las energías positivas con la varita que sostiene en su mano izquierda. Los cuatro elementos, así como los cuatro evangelistas, están representados en esta carta de realización:
— El Toro de San Lucas — elemento Tierra — ofrece su fogosidad, su potencia y su energía creadora.
— El León de San Marcos — elemento Fuego — presenta su soberanía, su fuerza contenida y noble.
— El Águila de San Juan — elemento Agua — mantiene las relaciones entre el cielo y la tierra.
— El Ángel de San Matías — elemento Aire — se convierte en el símbolo del espíritu despojado de toda materialidad.

Este conjunto nos anuncia una perfección real. El hombre triunfa sobre el torbellino de la vida. Pero la vida continúa, y la evolución prosigue sin cesar, conduciéndonos a la última figura del tarot: el Loco.

EL MUNDO

Personalidad. La seguridad y las aptitudes compensan todos los esfuerzos realizados. El Mundo anuncia la victoria, el éxito, la plenitud, la perfección, los honores.

Sentimientos. Esta carta es índice de acuerdos armoniosos y firmes. Todas las relaciones afectivas, sentimentales y amistosas se ven protegidas. Facilita los encuentros durante los viajes y desplazamientos y concede indiscutiblemente la felicidad, la alegría y el amor.

Profesional. Total satisfacción en el trabajo. Se logran realizaciones en gran escala. Las actividades relacionadas con el público, el extranjero y los desplazamientos, siguen el camino adecuado. Los apoyos son serios y sólidos, y los esfuerzos se ven recompensados.

Material. Los proyectos financieros son de gran envergadura y tienden a mejorar. El dinero ingresa fácilmente. Todos los bienes se encuentran bajo una protección benéfica. Es previsible un aumento de fortuna.

Salud. Se recupera rápidamente la salud y se domina cualquier pequeño malestar. En caso de viajes a países lejanos, no hay que descuidar las vacunaciones.

Espiritual. Todos los principios llamados «cósmicos» se han reunido para abrir hacia la armonía las leyes de la sabiduría.

Temas varios. Deben preverse viajes fuera del país.

Síntesis. El Mundo es el éxito, el triunfo sobre el torbellino de la vida, y también la protección y la suerte que hay que saber usar.

0 — EL LOCO

Descripción. Un hombre con barba, provisto de un bastón, avanza empujado por un perro que le muerde y desgarra. Sobre su hombro derecho lleva un hatillo colgado de otro bastón.

Simbología. Signo numérico sin valor, el cero es la nada. Antes de la aparición del uno (manifiesto de Dios) no hay nada...
La influencia de Urano, planeta que trastorna las ideas recibidas, conduce a la excentricidad y a la rebelión.
El Tarot se acaba con el Loco, vigésima segunda carta cuyo valor numérico es cero. Cero, puesto que el Loco es un vagabundo que se arrastra a lo largo de la vida, como un inconsciente que ha perdido toda personalidad.
Su vestimenta nos recuerda a la de los bufones del rey, también llamados «locos de la corte».
Avanza sin apoyarse sobre el bastón, que pierde todo su poder de mando. Como todo equipaje lleva un hatillo al hombro en el que están reunidos sus tesoros, tanto materiales como intelectuales y espirituales. Demuestra así que sus pertenencias son escasas.
Permanece completamente indiferente al perro que le agarra y le muerde, obligándole a proseguir el camino hacia lo desconocido. Va hacia su destino como un viajero errante sin derrotero fijo.
Con el arcano 22, el libro de la sabiduría y del conocimiento no se detiene: el Loco va a reunirse con el Mago, primera figura del tarot y el ciclo de las generaciones vuelve a comenzar. Queda aún mucho por delante.

«La Vida es la sonrisa de la Naturaleza.
El nacimiento es el beso que ella da al alma humana.»

Saint-Yves d'Alveydre

EL LOCO

Personalidad. La inconsciencia y las extravagancias provocan la fluctuación de las acciones. El Loco anuncia la impulsividad, la originalidad, el aturdimiento, los excesos, las actos irreflexivos.

Sentimientos. Esta carta es índice de relaciones frustrantes. Los vínculos con el entorno son escasos. El malestar reina en los sentimientos. Uno de los integrantes de la pareja siente la necesidad de huir y liberarse de las exigencias afectivas. La indecisión y la inestabilidad contrarían los amores en general.

Profesional. Un período de fluctuación afecta a la actividad, que no brinda plena satisfacción. Se anuncia un periodo muy restrictivo que coincide con una huida ante las responsabilidades. Los esfuerzos no dan buenos resultados o no se ven apenas recompensados. No hay que contar con apoyos ni con las relaciones amistosas, pues decepcionarán.

Material. Los gastos superan las posibilidades y causan problemas. Se repiten demasiadas locuras y las finanzas se resienten por ello. La negligencia provoca toda suerte de inconvenientes.

Salud. Todos los problemas de orden psíquico están relacionados con esta carta.

Espiritual. Si existe inteligencia espiritual, el estado de libertad y de búsqueda permitirá un nuevo equilibrio.

Temas varios. Se pasa de la locura al genio, y de la huida a un nuevo comienzo.

Síntesis. El Loco confirma una gran necesidad de libertad y de independencia. Está en marcha y vuelve a comenzar desde cero...

SIMBOLOGÍA E INTERPRETACIÓN DE LOS ARCANOS MENORES

«Los encontramos en la primera carta, el Mago. Tiene entre sus manos el Basto que le confiere poder sobre la tierra del Oro y sobre sí mismo, mientras que la Copa y la Espada (reducida a las proporciones de un puñal), que simbolizan los dos caminos del hombre que desea iniciarse con el corazón y el espíritu, aparecen sobre la mesa.»

Diccionario de los símbolos

LOS ARCANOS MENORES

Las 56 cartas restantes, los arcanos menores, se reparten en cuatro familias de catorce cartas cada una. Su importancia reside en que completan la interpretación de los mayores, y acentúan y definen, según la importancia de los cuatro elementos y de los números, las influencias y las previsiones comunicadas por los arcanos mayores.
Los cuatro elementos simbolizan los diversos estados por los que pasa el ser humano:
— El elemento Agua simboliza los instintos inconscientes, la disponibilidad.
— El elemento Tierra simboliza la solidez, la concentración, la resistencia.
— El elemento Fuego simboliza el ardor, el entusiasmo, la energía, la creación.
— El elemento Aire simboliza el enlace, la movilidad.
El agua = la copa, signo de sensibilidad y afectividad.
La tierra = el oro, que simboliza la materialidad.
El fuego = el basto, es decir el ardor y el entusiasmo.
El aire = la espada, relacionado con el intelecto.
Las copas mantienen una estrecha relación con los sentimientos, la amistad, el amor, las grandes alegrías, la vida afectiva, los placeres, la felicidad. Los oros representan particularmente el lado material de la vida y, en consecuencia, las finanzas: ganancias, transacciones, intereses, préstamos. Aportan también satisfacciones, seguridad y bienestar en las distintas empresas.
Los bastos representan sobre todo las actividades en general, el trabajo, los negocios, las diversas empresas. Se relacionan igualmente con la fuerza, el poder y las iniciativas. Las espadas indican a menudo las dificultades y las pruebas, las enfermedades, las penas morales. Pero simbolizan también el intelecto y la apertura espiritual.

Después de los elementos, los números son la base misma de las interpretaciones, que permiten abordar fácilmente el estudio de estas 56 cartas.

1 — Principio - comienzo - acción
   El 1 es el punto de partida.

2 — Dualidad - rivalidad - oposición
   Se presenta la unión o la dualidad.
3 — Actividad - acción - movimiento
   Dominio de la dualidad.
4 — Realización - consolidación - estabilización
   El equilibrio está asegurado.
5 — Progreso - renovación - equilibrio
   Mediador y número de conocimiento.
6 — Sacrificio - prueba - fatalidad
   La lucha entre el bien y el mal.
7 — Acción - fuerza - potencia
   Las transformaciones son positivas.
8 — Número cósmico que representa el infinito.
9 — Transmutación - nuevo ciclo
   Fin y nuevo comienzo.
10 — Evolución, éxito - poder de acción
   Se alcanza la cumbre.

LAS COPAS

«La copa sigue siendo el instrumento adivinatorio de primera línea pues es instrumento de lo divino. El hombre debe vivir en el futuro.»

Edmond Delcamp

AS DE COPAS

La simbología de este as de copas nos recuerda a un tabernáculo, y sugiere una actitud receptiva.
El as o el uno marca un punto de partida, un origen, un principio.
Su aparición indica alegría y felicidad. Los juicios serán claros e inspirados. Las decisiones se tomarán con inteligencia.

Sentimientos. Anuncio de una nueva relación, inicio de un afecto o de un amor. La perfección y el placer se mezclan para aportar armonía en todas las relaciones con el entorno. Las relaciones con los amigos o conocidos mejoran.

Material. Satisfacciones en el ámbito financiero. Es probable que los ingresos se obtengan a través de una actividad agradable. Es previsible un progreso en la vida financiera del consultante.

Profesional. Gran entusiasmo en una actividad que se adapta perfectamente al consultante. El trabajo puede estar también relacionado con un vínculo sentimental. Posibilidades de promoción y de ocupar cargos más importantes.

Salud. El equilibrio de esta copa produce un ánimo excelente.

Síntesis. Las ambiciones se ven favorecidas. Los proyectos se cumplen. Se consolidan los lazos de amistad. Se concretan las nuevas perspectivas.

Particularidad. Confirma el amor y los encuentros amorosos con:
— el Sol (carta 19);
— el Mago carta 1);
— la Estrella (carta 17).

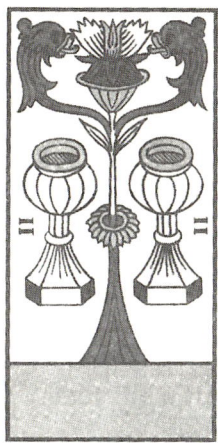

DOS DE COPAS

Dos copas colocadas una al lado de la otra. El color amarillo acentúa la intuición y la inteligencia. La actividad profunda está indicada por el interior rojo.

El dos conduce a la rivalidad y la dualidad. Su presencia indica una lucha afectiva. Las decisiones o los proyectos se encuentran en oposición y las consecuencias provocan contrariedades.

Sentimientos. Esta carta es anuncio de malentendidos, de discusiones, de desavenencias. Incertidumbres y aspectos superficiales que defraudan al consultante. Las relaciones son frustrantes y se aflojan los lazos con el entorno.

Material. Dificultades de menor importancia que, sin embargo, amenazan con causar cierta inquietud. Hay gastos imprevistos que pueden deberse al deseo de complacer a los demás. El equilibrio resulta difícil de mantener.

Profesional. Decepción causada por la intervención de los sentimientos en los negocios o en la actividad profesional. Se descubre que una persona muestra antipatía al consultante y los contactos son agitados e irritantes. Los esfuerzos no se ven recompensados como sería deseable.

Salud. Las pequeñas contrariedades provocan irritaciones que no tienen repercusiones serias en el organismo.

Síntesis. Naturalmente, la dualidad crea conflictos. Las oposiciones, las obligaciones, los malentendidos abundarán y tocarán el lado sensible de las personas, es decir, el corazón.

Particularidad. Confirma la dualidad afectiva con:
— el Enamorado (carta 6);
— la Justicia (carta 8);
los celos con:
— el Diablo (carta 15).

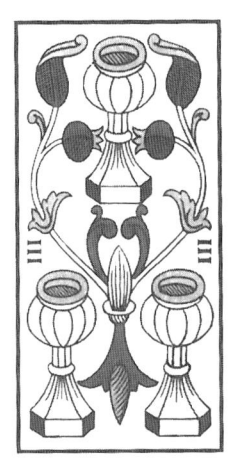

TRES DE COPAS

Una copa domina las otras dos, que aparecen colocadas una junto a la otra. Como símbolo de esta carta, el número tres nos recuerda que el uno domina la dualidad y, de ese modo, acentúa la actividad.

Su aparición aporta soluciones a los problemas y las dificultades. Las realizaciones de los proyectos y los resultados son concluyentes.

Sentimientos. Esta carta implica la recuperación de la alegría y la felicidad. Los afectos, las amistades y el amor triunfan y resplandecen por su espontaneidad y sinceridad. Los encuentros y los contactos son armoniosos y agradables.

Material. Se anuncia una clara mejoría en las finanzas. Su procedencia puede ser inesperada, pero el enriquecimiento es real. Los proyectos financieros se ven coronados por el éxito.

Profesional. Se establece una buena comprensión y una perfecta armonía en la actividad y en las relaciones de trabajo. El camino elegido conduce a un éxito seguro. Los proyectos se concretan fácilmente y las negociaciones resultan sencillas.

Salud. Plenitud, energía y fuerza vencerán los pequeños problemas orgánicos.

Síntesis. Las decisiones se ven coronadas por el éxito. El fin de las preocupaciones, de las dificultades, de las penas, es inmediato. Aparece como inminente una liberación que lleva a una renovación.

Particularidad: confirma las noticias y los escritos con:
— la Emperatriz (carta 3);
— el Juicio (carta 20);
— el Mundo (carta 2);
— la Rueda de la Fortuna (carta 10).

CUATRO DE COPAS

Cuatro copas forman el cuadrado de la estabilidad. El número cuatro acentúa el equilibrio de la manifestación material. Su presencia es signo de solidez. En todos los ámbitos se van a imponer la consolidación, el dominio, la afirmación.

Sentimientos. El valor de los sentimientos es poderoso y asegura la confianza. No se trata de deseos pasionales, sino de sentimientos serios y profundos. Se busca la seguridad que resulta necesaria. La situación afectiva está bien afirmada y es tranquilizadora.

Material. La protección es evidente en el terreno financiero. La gestión es eficaz, y está pendiente del futuro. La ansiada seguridad se obtiene sin problemas. Todo lo que concierne a las finanzas es sólido y tranquilizador.

Profesional. Las posibilidades de éxito en los proyectos, la vida activa y social, se ven facilitados por el poder de la autoridad, la necesidad de expansión y de estabilidad, ligados a lo material. Las ambiciones se ven satisfechas y aseguran buenas relaciones en el futuro.

Salud. Se anuncia buena salud, salvo que se cometan excesos.

Síntesis. La influencia material está ligada a la influencia afectiva. La búsqueda de equilibrio entre estos dos aspectos, que generalmente se hace sentir de manera intensa, permite la construcción de sólidas bases para el futuro.

Particularidad. Confirma la seguridad afectiva con:
— la Fuerza (carta 11);
— el Emperador (carta 4);
la dominación sentimental con:
— el Diablo (carta 15);
— el Carro (carta 7).

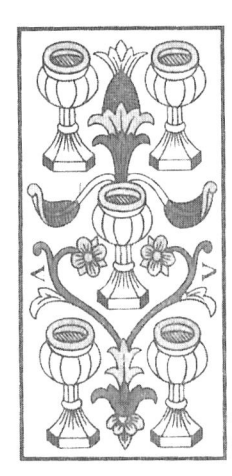

CINCO DE COPAS

Una copa en cada una de las cuatro esquinas de la carta y una quinta que ocupa el centro.
Esta copa central es un elemento nuevo en la unión equilibrada que determina el número cinco.
Su aparición remite a la sabiduría y la armonía. Las perspectivas y las esperanzas se concretan y se recupera la paz y la tranquilidad.

Sentimientos. Esta carta tranquiliza al consultante sobre la sinceridad de los sentimientos hacia él. Las esperas están colmadas de promesas positivas y evolucionan por el camino de la serenidad.
La comprensión y la indulgencia prevalecen en caso de disgustos.

Material. Los pequeños retrasos o insatisfacciones financieras están ligados a obligaciones relacionadas con los sentimientos. Las esperanzas materiales no responden exactamente a lo que se podía desear. Es difícil mantener el equilibrio material.

Profesional. La situación activa y social se orienta hacia excelentes perspectivas gracias, sin duda, a nuevos elementos que intervienen en la vida profesional. Se deberán encarar mayores responsabilidades.

Salud. La tranquilidad de espíritu aportada por este cinco calma y regenera una salud frágil.

Síntesis. El consultante está bien encaminado para lograr la realización de sus esperanzas. Las situaciones se orientan con sabiduría, seguridad y sutileza. Nuevas alianzas o afinidades anuncian aspectos prometedores.

Particularidad. Confirma la armonía de los sentimientos con:
— el Sumo Sacerdote (carta 5);
— la Estrella (carta 17);
— la Templanza (carta 14);
los nacimientos con:
— la Luna (carta 18);
— la Sacerdotisa (carta 2).

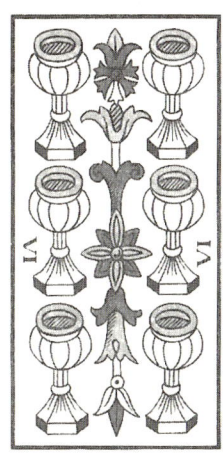

SEIS DE COPAS

Una rama florida separa tres copas colocadas una sobre la otra en el lado izquierdo, y otras tantas en el lado derecho.
Esta separación caracteriza la oposición, la lucha entre el bien y el mal, que determina el número seis.
Su aparición implica sacrificios y limitaciones, así como trabas que frenan la realización de los proyectos y de las esperanzas.

Sentimientos. Esta carta es anuncio de contrariedades en la vida afectiva. Las relaciones con el entorno estarán marcadas por la decepción y la incomprensión. Entre las amistades encontrará oposiciones, conflictos y desavenencias. La relación con algunos conocidos resulta frustrante y los lazos se aflojan.

Material. Las finanzas se ven sometidas a rudas pruebas. Los inconvenientes se deben a la falta de reciprocidad de sus sentimientos hacia los demás. La falta de entendimiento supera las posibilidades de solución.

Profesional. Los obstáculos se ven acentuados por la falta de confianza en sí mismo. La inestabilidad provoca una posición de debilidad y, en consecuencia, insatisfacción. No se obtiene plena libertad en la actividad profesional, lo que contraría al consultante.

Salud. La pérdida de vitalidad abre el camino a la depresión y a los estados melancólicos.

Síntesis. Los proyectos, los deseos y los anhelos se verán frenados o serán discutidos. Surgen obstáculos en todos los terrenos, lo que significa contratiempos para el consultante.

Particularidad. Confirma las limitaciones afectivas con:
— El Enamorado (carta 6);
— la Sacerdotisa (carta 2);
las decepciones sentimentales con:
— el Colgado (carta 12);
— la Luna (carta 18).

71

SIETE DE COPAS

Tres copas colocadas una sobre la otra en el centro, y otras cuatro que ocupan cada una de las esquinas de la carta.
El número siete afirma un éxito y una transformación positiva basada en sólidos fundamentos.
Su aparición influye favorablemente sobre los acontecimientos y las situaciones que se refieren al consultante.

Sentimientos. Tanto en el amor como en la amistad, anuncia alegría, acercamiento, felicidad. Una muy buena comprensión fortalece los lazos afectivos. Esta carta indica también la unión, el matrimonio legalizado. Las esperas están colmadas de promesas beneficiosas.

Material. Una tranquilidad absoluta en las finanzas calma y serena al consultante. Los intereses, conjugados con los sentimientos, resultan favorecidos. Los esfuerzos dejan atrás las esperanzas y permiten la riqueza.

Profesional. La liberación y el éxito profesional se unen para hacer triunfar las ambiciones. Las relaciones con el entorno aceleran el éxito social. El camino elegido es seguro.

Salud. En caso de dificultades, se producirá un restablecimiento rápido y eficaz.

Síntesis. Una fuerte voluntad y una determinación evidente conducen al éxito en las diversas empresas. Se disipan las preocupaciones, los malentendidos; se aclaran las situaciones turbias.

Particularidad. Confirma el éxito en lo afectivo con:
— el Carro (carta 7);
— la Fuerza (carta 11);
— el Emperador (carta 4);
el matrimonio con:
— el Sol (carta 19).

OCHO DE COPAS

Dos copas centrales enmarcadas por tres copas en la parte de arriba (lo espiritual) y tres más en la de abajo (lo material). El número ocho, llamado «cósmico», indica una ruptura del equilibrio mediante transformaciones violentas. Su aparición en un juego complica las situaciones. Traduce conflictos y oposiciones. Implica discusiones y desavenencias.

Sentimientos. Esta carta siembra la perturbación y las decepciones. Al contrariar las amistades y los amores, la discordia roza a menudo las rupturas y los abandonos. Se anuncia una crisis sentimental.

Material. Las finanzas brindan sorpresas. Complicaciones materiales que perturban y traban al consultante. Las obligaciones se vuelven asfixiantes. Los compromisos financieros no serán respetados.

Profesional. Las relaciones son desfavorables y el consultante puede esperar desilusiones con respecto a sus superiores. Riesgo de pérdida de popularidad, lo que produce pesar e impide la realización de los proyectos. Probables sinsabores en las actividades.

Salud. Se ve poco favorecida y causa molestias y preocupaciones.

Síntesis. Esta carta contraría la vida sentimental. Las desilusiones exponen al consultante a preocupaciones y trastornos que afectan seriamente el ánimo.

Particularidad. Confirma las contrariedades sentimentales con:
— la Torre (carta 16);
— el Colgado (carta 12);
— el Ermitaño (carta 9);
— la Muerte (carta 13).

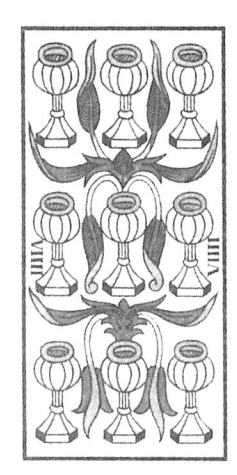

NUEVE DE COPAS

La terna está aquí representada tres veces, en tres líneas de tres copas.
El número nueve indica una transmutación, un ciclo nuevo. Su aparición indica la calma, la alegría. Contribuye a la felicidad y la paz.

Sentimientos. Esta carta acentúa la felicidad conyugal. El clima afectivo, tanto en el plano amistoso como en el plano familiar, está lleno de alegría y de perfecta comprensión. Los sentimientos son profundos y sinceros.

Material. Esta carta concede el éxito material, pues es muy favorable para las finanzas. Da confianza, libera de todas las preocupaciones y conduce al bienestar. Nada afecta los bienes adquiridos.

Profesional. Se reconocen y recompensan los esfuerzos. El trabajo se lleva a cabo con tranquilidad y alegría. Todas las empresas se ven facilitadas y el éxito profesional y social está asegurado.

Salud. Fuerza y vitalidad que aceleran el restablecimiento de la salud.

Síntesis. Esta carta deja entrever un porvenir tranquilo y beneficioso. Este arcano es sinónimo de alegría.

Particularidad. Confirma las satisfacciones sentimentales con:
— el Mago (carta 1);
— la Estrella (carta 17);
el amor espiritual con:
— el Ermitaño (carta 9);
— la Sacerdotisa (carta 5).

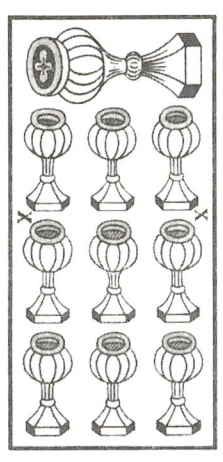

DIEZ DE COPAS

La terna está aquí representada tres veces con tres filas de copas, unas encima de las otras. La décima, más importante, domina en la parte de arriba y parece indicar la síntesis de las otras nueve.
El número diez, fuerte y poderoso, permite alcanzar la cumbre. Su aparición favorece todos los sentimientos.
Es índice de felices transformaciones.

Sentimientos. Esta carta concede indiscutiblemente la felicidad y el amor, favoreciendo los proyectos y el buen entendimiento con los demás. Las relaciones son serenas y armoniosas. Todos los afectos y las amistades se profundizan y brillan por su espontaneidad.

Material. En el campo financiero el consultante está al abrigo de cualquier preocupación. Se debe también prever una evolución interesante. El éxito material está asegurado.

Profesional. Progreso profesional que tendrá repercusiones con efectos positivos. La actividad es agradable y enriquecedora. Los proyectos se concluyen de manera apropiada.

Salud. Se recobra la fuerza y la energía, tanto en el plano físico como en el moral.

Síntesis. Lo suficientemente poderosa como para neutralizar las asechanzas, esta carta ejerce una influencia muy positiva.

Particularidad. Confirma la felicidad sentimental con:
— el Sol (carta 19);
— el Juicio (carta 20);
— la Emperatriz (carta 3).

LOS OROS

«El ciclo, signo de un valor determinado, representa las aspiraciones realizadas, las obras cumplidas, la suma de poder conquistada mediante la perseverancia y la eficacia de la voluntad.»

Dr. Papus
El Tarot Adivinatorio

AS DE OROS

Una soberbia moneda de oro en el centro de la carta, entre tallos florecidos. Su aparición simboliza el bienestar y el éxito en todos los planos.
Su aportación es activa y resplandece en todos los campos.

Sentimientos. Este as confiere una vida afectiva sin contratiempos. La unión con el entorno es perfecta y está en armonía con la comodidad y el bienestar material. Esta carta procura la realización de todos los deseos afectivos.

Material. La vía de la prosperidad financiera está abierta. Las preocupaciones materiales ya no tienen razón de ser. La situación pecuniaria es floreciente.

Profesional. La actividad profesional evoluciona hacia un gran éxito. Los negocios de envergadura, así como las asociaciones, se ven favorecidos. Triunfarán sus ambiciones.

Salud. La victoria sobre los pequeños malestares es inmediata.

Síntesis. Esta carta de éxito y triunfo promete una gran estabilidad y, sobre todo, neutraliza las molestias.

Particularidad. Confirma el éxito y la prosperidad con:
— la Rueda de la Fortuna (carta 10);
— el Sol (carta 19);
— el Mundo (carta 21).

DOS DE OROS

Dos monedas colocadas una sobre la otra, insertadas en una «S» azul, como oposición entre lo material y lo espiritual. Su presencia contraría los proyectos. Expone a preocupaciones, particularmente de orden material y profesional.

Sentimientos. Las amistades y los amores se ven contrariados y no son sinceros. Los acercamientos afectivos son difíciles, y numerosos los riesgos de conflictos. Las relaciones se hallan perturbadas.

Material. Dificultad para lograr ingresos financieros, lo que provoca aprietos. Es posible que deba procederse a un reparto. Deben preverse algunas restricciones.

Profesional. Los contactos son irritantes y a menudo derivan en malas relaciones. Las realizaciones en el plano social no son lo que se podía esperar. El desarrollo de las empresas está trabado.

Salud. Pequeñas preocupaciones de salud obligan a realizar gastos.

Síntesis. Esta carta negativa implica problemas materiales que pueden tener repercusiones en el terreno de los sentimientos.

Particularidad. Confirma las dificultades financieras con:
— el Colgado (carta 12);
— la Torre (carta 16);
— el Ermitaño (carta 9).

TRES DE OROS

Aquí se vuelve a encontrar el mismo principio que en las tres copas, porque un oro domina los otros dos, superando la dualidad.
Su aparición es síntoma de modificaciones beneficiosas y contribuye a satisfacer los proyectos.
Las acciones previstas resultan eficaces.

Sentimientos. Los lazos afectivos se ven beneficiados. La eliminación de conflictos permite que reine la comprensión y la armonía en las amistades y las relaciones amorosas. Los encuentros y los contactos conducen al buen entendimiento.

Material. Los proyectos financieros son coronados por el éxito. La Providencia suprime todos los problemas materiales. Es previsible un progreso en el ámbito financiero.

Profesional. Se produce un ascenso ventajoso en el campo profesional y social. La buena suerte y la protección unidas contribuyen a satisfacer plenamente al consultante. Los efectos de los cambios se perciben de inmediato.

Salud. La plenitud y la fuerza triunfan sobre los problemas orgánicos.

Síntesis. El camino elegido conduce de modo seguro al éxito. Los proyectos y las esperanzas se concretan favorablemente.

Particularidad. Confirma la suerte y la liberación material con:
— el Mago (carta 1);
— la Rueda de la Fortuna (carta 10);
— el Sol (carta 19).

CUATRO DE OROS

Cuatro monedas, cuatro esquinas, cuatro elementos, así como un cuadrado doble en el centro, indican la estabilidad y la manifestación de lo «material».
Su aparición en un juego impone la estabilización y la consolidación de los proyectos. Permite también realizar todas las esperanzas materiales.

Sentimientos. Carta muy positiva en el plano afectivo, aporta una confianza que pasa por lo material. Las relaciones con los demás son sólidas. Los vínculos son estables.

Material. La seguridad financiera se impone con eficacia. En caso de dificultades, se hallan soluciones gracias a apoyos y relaciones poderosas. Las transacciones o especulaciones son positivas.

Profesional. Una fuerte autoridad facilita la posibilidad de cumplir las ambiciones. La expansión es enriquecedora y beneficiosa y satisfará sus anhelos.

Salud. Con prudencia, la buena salud está asegurada.

Síntesis. La construcción de fundamentos materiales es profunda, seria y por consiguiente estable. El futuro está bien protegido.

Particularidad. Confirma la seguridad financiera con:
— el Emperador (carta 4);
— la Justicia (carta 8);
— la Fuerza (carta 11).

CINCO DE OROS

Cuatro monedas colocadas en los cuatro ángulos y una quinta que aparece en el centro: un nuevo elemento se agrega a los otros cuatro.
Su aparición favorece la reputación. Las perspectivas materiales aumentan. Todas las esperanzas pueden cumplirse.

Sentimientos. Las relaciones son fáciles y están abiertas a la comunicación. El consultante puede estar seguro de la sinceridad de los sentimientos de quienes le rodean. Los nuevos contactos son armoniosos y agradables.

Profesional. La situación social se orienta hacia excelentes prespectivas. Los proyectos están bien calculados y su realización brinda prestigio. Debe también preverse un ascenso.

Material. Ningún inconveniente afecta los bienes y las finanzas. Todas las preocupaciones de orden material están perfectamente dominadas. Los ascensos y las acciones de todo tipo se ven favorecidos.

Salud. La energía circula de manera protectora.

Síntesis. La situación evoluciona de modo prometedor. Los proyectos y las esperanzas están en el camino del éxito.

Particularidad. Confirma el equilibrio y la paz material con:
— el Sumo Sacerdote (carta 5);
— la Templanza (carta 14);
— la Estrella (carta 17).

SEIS DE OROS

Las seis monedas aparecen separadas, lo que indica que ninguna transmite su fuerza a la otra.
Su aparición implica obstáculos y perturbaciones en el equilibrio general. Los proyectos se ven frenados.

Sentimientos. La vida afectiva no es muy feliz. Las oposiciones y los conflictos producen decepciones y contrariedades. Se comprueba que se han cometido errores al elegir las relaciones.

Material. Las finanzas se ven sometidas a todo tipo de inconvenientes. Los ingresos se complican con obstáculos irritantes. No se podrán cumplir los compromisos.

Profesional. Aparecen trabas en el desarrollo de los asuntos profesionales. Desavenencias que disminuyen la confianza en sí mismo y colocan al consultante en situación de debilidad. La actividad profesional no brinda plena libertad.

Salud. Se experimenta una pequeña pérdida de vitalidad.

Síntesis. Surgen obstáculos a los proyectos. Muy a menudo el consultante es responsable de ese estado de cosas.

Particularidad. Confirma las trabas y dificultades materiales con:
— el Colgado (carta 12);
— la Torre (carta 16);
— el Loco (carta 22);
— el Diablo (carta 15).

SIETE DE OROS

Un grupo de cuatro oros aparece en la parte inferior de la carta. Otros tres forman un triángulo más arriba.
Lo ternario domina el cuaternario.
Su aparición indica éxito y triunfo material. Todos los acontecimientos reciben una influencia favorable.

Sentimientos. El bienestar material beneficia el clima hogareño. Una buena comprensión fortalece los lazos afectivos. Esta carta preserva de los conflictos y brinda tranquilidad.

Material. Las dudas se disipan rápidamente. La victoria sobre las preocupaciones resulta fácil y conduce al triunfo material. La situación financiera es completamente tranquilizadora.

Profesional. Se logra el éxito social. Se satisfacen las ambiciones gracias al poder de dominación. Se vencen los obstáculos. Los proyectos se concretan rápidamente.

Salud. En caso de preocupación, se recupera la salud de manera rápida y eficaz.

Síntesis. El poder procura logros que conducen al éxito. Todas las situaciones mejoran y la evolución es positiva.

Particularidad. Confirma el triunfo material con:
— El Enamorado (carta 6);
— la Luna (carta 18);
— el Loco (carta 22).

OCHO DE OROS

Los ocho oros están colocados de modo regular y simétrico, pero siempre separados por ramificaciones floridas. Ningún oro transmite su fuerza al otro.
Su aparición traduce una falta de confianza o de perseverancia. La inestabilidad conduce al fracaso de los proyectos proyectos.

Sentimientos. La vida afectiva se halla expuesta a penas y decepciones. Sufrimientos que perjudican las relaciones sentimentales. El amor se desarrolla en un dañino clima de inestabilidad.

Material. Los ingresos financieros serán insuficientes. Las obligaciones se vuelven apremiantes y complican el presupuesto. No se producen grandes catástrofes, pero no se logra mantener el equilibrio. Deben preverse graves problemas.

Profesional. Los esfuerzos personales no dan resultado ni son reconocidos en absoluto. La actividad profesional no brinda ninguna satisfacción y se estanca. Las desavenencias traban el buen desarrollo de los negocios.

Salud. Poco favorable para la salud, esta carta provoca pequeñas molestias.

Síntesis. Es una carta contraria a todos los negocios financieros y materiales. Complica las situaciones y a menudo afecta el ánimo.

Particularidad. Confirma las complicaciones materiales con:
— El Enamorado (carta 6);
— la Luna (carta 18);
— el Loco (carta 22).

NUEVE DE OROS

Dos veces cuatro oros y un noveno en el centro, destacado por el marco florido que indica una realización.
Su aparición favorece la seguridad y el buen discernimiento. Fortalece la previsión y permite llegar a conclusiones.

Sentimientos. El bienestar afectivo está dominado por el bienestar material. La unión con los allegados es alentadora y muy agradable.
Reina la felicidad conyugal y la serenidad en las relaciones amistosas.

Material. Habrá un aumento de la productividad. Esta carta da seguridad y libera de todas las molestias gracias a la prudencia y al dominio que se ejerce sobre lo material. La confianza acelera las posibilidades de bienestar.

Profesional. Esta carta es muy favorable para las actividades profesionales: los esfuerzos del consultante serán recompensados y tendrá más seguridad en sus negocios. Sus ambiciones serán coronadas por el éxito.

Salud. Se disfrutará sin duda de una buena vitalidad.

Síntesis. Sinónimo de discernimiento, esta carta asegura y permite entrever grandes satisfacciones en el campo material y en el profesional.

Particularidad. Confirma la seguridad material con:
— el Sumo Sacerdote (carta 5);
— la Estrella (carta 17);
— la Templanza (carta 14).

DIEZ DE OROS

Entre dos ramas floridas, aparecen dos veces cinco oros. La cúspide es alcanzada con doble armonía.
Su aparición permite transformaciones felices y rápidas. El crecimiento es beneficioso, y la mejoría resulta muy positiva.

Sentimientos. Las relaciones con los allegados están protegidas. La armonía se mantiene. Todos los contactos tienden a mejorar. Lazos afectivos muy felices.

Material. Se anuncia la seguridad financiera. Es previsible un aumento de la fortuna. Todos los bienes se hallan bajo una protección benéfica. La providencia y la suerte liberan de todas las preocupaciones materiales.

Profesional. Los apoyos en el ámbito profesional son serios y sólidos. La situación del consultante da literalmente un salto hacia delante y los esfuerzos se ven recompensados. Los proyectos se concretan y se llevan a cabo eficazmente.

Salud. Se hace sentir una excelente vitalidad, tanto física como psicológica.

Síntesis. Esta carta aporta una gran mejora en la vida del consultante. Su influencia es particularmente positiva.

Particularidad. Confirma el bienestar material con:
— la Rueda de la Fortuna (carta 10);
— el Mundo (carta 21);
— el Sol (carta 19);
— el Juicio (carta 20)

LOS BASTOS

«Después de pasar por la prueba de fuego, el iniciado obtiene finalmente la insignia del mando supremo, el Bastón, cetro real, que reina por su voluntad y soberano deseo.»

Oswald Wirth

AS DE BASTOS

La mano de la razón y la actividad sostiene un basto, símbolo del conocimiento.
Las llamas de diferentes colores representan la distribución de las energías.
Su aparición es sinónimo de orden y de nuevas creaciones. Indica un poder autoritario y viril.

Sentimientos. Las relaciones con el entorno son equilibradas. Este basto puede anunciar el principio de una aventura, una nueva relación que puede estar ligada a la actividad profesional.

Material. Las decisiones son fecundas. La fortuna sonríe a los audaces. Las nuevas empresas producen importantes ganancias que permiten dominar el plano material.

Profesional. La idea de poder y de mando sale fortalecida e implica un ascenso y un éxito completo en el plano social. El trabajo es organizado y eficaz. Se adquirirán responsabilidades de mayor importancia.

Salud. La vitalidad, la fuerza y la energía se conjugan.

Síntesis. Esta carta permite materializar sus esperanzas. Da seguridad mediante el poder de dominación y la abundancia de energía.

Particularidad. Confirma el poder y el mando con:
— el Mago (carta 1);
— el Emperador (carta 4);
— el Carro (carta 7).

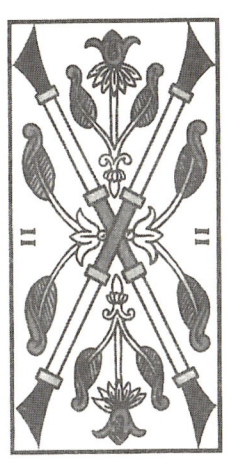

DOS DE BASTOS

Dos bastos, amarillos, azules y rojos, se cruzan indicando la dualidad.
Su aparición indica dualidad psíquica, contrariedades y vacilaciones. Incita a las discusiones y a los temores.

Sentimientos. Las relaciones afectivas están sembradas de perturbaciones y desavenencias. Las contrariedades y el amor propio herido provocan estados de melancolía. La terquedad puede ser la causa de los conflictos.

Material. La fatalidad causa pérdidas financieras. Los ingresos se producen con mucha dificultad, lo que le coloca en aprietos. Se pierde el dominio de la situación económica.

Profesional. Desfavorable en muchos sentidos, esta carta conduce también a relaciones complicadas con los demás. Los malentendidos perturban el entorno.

Salud. El equilibrio físico está alterado y se tambalea.

Síntesis. Es la carta de la desavenencia, de los apremios y de la rivalidad permanente. Obliga a una lucha sin mantel.

Particularidad. Confirma las rivalidades profesionales con:
— la Justicia (carta 8);
la hipocresía en el lugar de trabajo con:
— el Diablo (carta 15);
— la Sacerdotisa (carta 2);
— la Luna (carta 18).

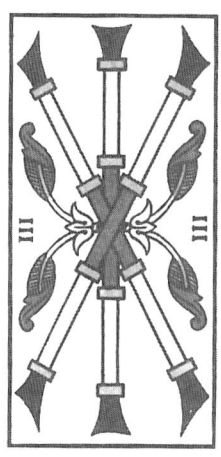

TRES DE BASTOS

Hay dos bastos que se cruzan en el centro, como en la carta precedente, pero un tercer basto, en el centro, modifica la idea de dualidad.
Su aparición anuncia acciones creadoras muy oportunas que llevarán al éxito al consultante.

Sentimientos. Las relaciones afectivas son felices y serenas. En el hogar reinan la comprensión y la armonía. La convivencia con los allegados es excelente. La serenidad permite la realización de los anhelos afectivos.

Material. Las finanzas evolucionan favorablemente. Una protección libera de las dificultades materiales. La buena suerte en este ámbito permite abrigar buenas esperanzas.

Profesional. Ascenso en la actividad profesional. Los negocios se ven favorecidos y resulta fácil concluirlos con ganancias. La suerte y la protección tienen un papel importante. Las negociaciones son particularmente sencillas.

Salud. Se experimenta un rápido restablecimiento físico y moral.

Síntesis. Esta es la carta del movimiento y de la creación. El conocimiento y la clarividencia facilitan los buenos resultados de las diversas empresas.

Particularidad. Confirma las mejoras en la actividad con:
— el Juicio (carta 20);
— la Emperatriz (carta 3);
— el Mundo (carta 21).

CUATRO DE BASTOS

Cuatro bastos se cruzan y se entrelazan de dos en dos. Cada uno sostiene el peso del otro.
Su aparición permite esperar buenos resultados materiales y profesionales. La consolidación y la estabilización de los negocios están aseguradas.

Sentimientos. Se mantiene el equilibrio en el hogar. Los lazos afectivos se plantean desde una perspectiva muy intelectual. Esta carta aporta una plenitud activa. La armonía da seguridad y tranquilidad.

Material. Prevalece eficazmente la seguridad material. Los apoyos y las relaciones ayudan a lograr satisfacciones financieras. Las transacciones se ven coronadas por el éxito.

Profesional. Son favorables los contactos y las relaciones profesionales. Los negocios se desenvuelven en excelentes condiciones, lo que satisfará sus ambiciones. Una autoridad eficaz se impone ante las dificultades.

Salud. El buen equilibrio psíquico permite vencer los malestares.

Síntesis. Esta carta anuncia la paz y la tranquilidad de espíritu. La prosperidad y la armonía van a la par.

Particularidad. Confirma las proyectos y la estabilidad profesional con:
— el Emperador (carta 4);
— la Fuerza (carta 11);
— el Carro (carta 7);
la seguridad en el trabajo con:
— la Justicia (carta 8);
— el Sumo Sacerdote (carta 5).

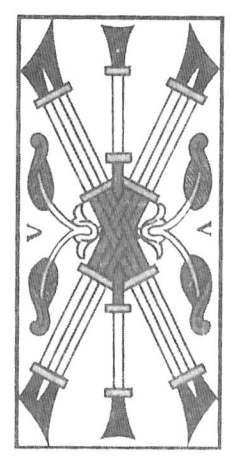

CINCO DE BASTOS

Un quinto basto, colocado verticalmente, aporta un nuevo elemento a los cuatro bastos entrelazados de la carta anterior. Su aparición permite obtener grandes satisfacciones materiales y profesionales. Favorece la consecución de lo que se desea en todos los campos de actividad.

Sentimientos. Los contactos son muy intelectuales. Las ideas iniciativas serán fácilmente aceptadas, pero las relaciones están teñidas de un tono dominante. La actividad predomina sobre los sentimientos.

Material. Las operaciones financieras están perfectamente controladas. Los bienes fructifican, los ingresos materiales progresan y aumentan las perspectivas de adquisiciones. Los aciertos le aseguran el éxito.

Profesional. Muchas satisfacciones en el trabajo. Los contratos y los negocios son planteados de manera justa y reflexiva. Los resultados son alentadores en todas las empresas iniciadas.

Salud. Se produce una mejoría en la salud.

Síntesis. Ésta es la carta de los deseos satisfechos, de los compromisos y de los progresos. El equilibrio está asegurado, y las pruebas, superadas.

Particularidad. Confirma las satisfacciones en la actividad profesional con:
— la Rueda de la Fortuna (carta 10);
— el Mago (carta 1);
— la Emperatriz (carta 3).

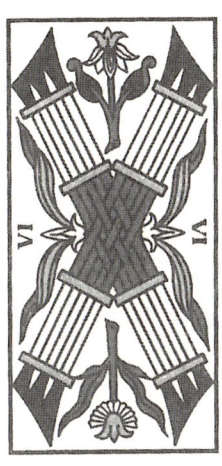

SEIS DE BASTOS

Volvemos a encontrar el entrecruzamiento central. La terna aparece dos veces, lo que expresa una elección. Su aparición es contraria a la realización de los proyectos. Importantes retrasos acarrean sacrificios y fracasos.

Sentimientos. La vida afectiva no es muy venturosa con esta carta de conflictos. Las decepciones y las contrariedades de todo tipo afectan las relaciones y las amistades. Malentendidos que perturban.

Material. Deben preverse gastos y dificultades financieras. Los ingresos no se corresponden a lo esperado y surgirán graves inconvenientes. Las obligaciones crean una situación preocupante.

Profesional. Ningún esfuerzo en este terreno obtiene recompensa. Se da más de lo que se recibe. Los sinsabores son muy amargos. Un bloqueo mental coloca al consultante en una situación frágil.

Salud. Los molestias de salud se complican.

Síntesis. Es la carta de las aprensiones y los temores. No podemos olvidar el aspecto de dualidad que complica todas las situaciones.

Particularidad. Confirma los fracasos o las dificultades en la vida profesional con:
— el Colgado (carta 12);
— la Muerte (carta 13);
las insatisfacciones con:
— la Luna (carta 18);
— el Ermitaño (carta 9).

SIETE DE BASTOS

Hallamos aquí el mismo entrecruzamiento de bastos, con un séptimo colocado en el centro, para dar más solidez.
Su aparición concreta rápidamente los proyectos. El triunfo, el éxito y la suerte dan valor a esta eficaz carta.

Sentimientos. La vida familiar va por buen camino. Una buena comprensión fortalece los lazos afectivos. Las relaciones con los demás se basan en la armonía. Esta carta preserva de los conflictos.

Material. Se encuentran rápidamente soluciones para los problemas financieros. Las dudas se disipan y se obtienen ventajas materiales. Se anuncian felices posibilidades.

Profesional. Sus empresas serán apoyadas. Se ejerce el dominio social. El éxito profesional está asegurado. Las actividades de todo tipo son facilitadas.

Salud. Las deficiencias se subsanan rápidamente.

Síntesis. Ésta es la carta del éxito. Aporta fuerza, autoridad y energía para concretar los proyectos y las esperanzas de todo tipo.

Particularidad. Confirma que saldrá victorioso en sus actividades con:
— el Carro (carta 7);
— la Rueda de la Fortuna (carta 10);
la dominación social con:
— el Diablo (carta 15);
— el Emperador (carta 4).

OCHO DE BASTOS

El entrecruzamiento y los entrelazamientos de bastos aparecen dos veces en grupos de cuatro, por lo que se repiten dos veces los cuatro elementos.
Su aparición en un juego complica las situaciones con disgustos y pesares. Las decisiones se toman con demora y pesimismo.

Sentimientos. Se crea y prospera una fluctuación en las relaciones afectivas. Se instala incomprensión en las relaciones con el entorno que causa pesares. Las amistades parecen inestables.

Material. Sin estar al borde de la catástrofe, las finanzas causan preocupaciones. Los ingresos son claramente insuficientes para cubrir las necesidades. La imprevisión puede ser la causa de los problemas.

Profesional. Las actividades no dan verdaderas satisfacciones. No se comprenden ni recompensan los esfuerzos, con lo que se acentúa la falta de confianza en sí mismo. El consultante, en posición de debilidad, sigue dependiendo de sus superiores.

Salud. Los estados de fatiga y depresión se complican.

Síntesis. Ésta es la carta de la inestabilidad y la incertidumbre, contraria a todos los asuntos de orden material y social.

Particularidad. Confirma los disgustos y las dificultades profesionales con:
— el Colgado (carta 12);
— la Torre (carta 16);
las demoras en las realizaciones con:
— el Ermitaño (carta 9);
— la Sacerdotisa (carta 2).

NUEVE DE BASTOS

Como en el caso anterior, aparecen dos series de cuatro bastos. Un noveno está colocado verticalmente detrás de los otros ocho, simbolizando una realización.
Su aparición en un juego concede la sabiduría y la reflexión. Todas las negociaciones alcanzan el éxito.

Sentimientos. Las relaciones y las amistades, que han sido bien elegidas, se ven favorecidas. En el hogar se disfruta de un tranquilo bienestar. La comprensión es agradable. Esta carta es favorable a las relaciones con los demás.

Material. La prudencia y la sabiduría permiten mejorar la situación económica. Se deben prever aciertos en todas las transacciones comerciales y la superación de dificultades.

Profesional. La situación profesional es favorecida por un cierto dominio y por el discernimiento. Se reconocen y recompensan los esfuerzos, lo que fortalece al consultante. Los proyectos de todo tipo concluirán con éxito.

Salud. Se recobra la energía física y anímica.

Síntesis. Esta carta da seguridad y permite entrever grandes satisfacciones en el ámbito profesional. Fortalece la previsión y permite las realizaciones.

Particularidad. Confirma el discernimiento y la prudencia en las actividades con:
— el Sumo Sacerdote (carta 5);
— la Justicia (carta 8);
— el Ermitaño (carta 9).

DIEZ DE BASTOS

Dos series de cuatro bastos aparecen entrelazadas y otros dos bastos blancos están colocados detrás para afirmar las fuerzas superiores.
Su aparición en un juego anuncia la evolución y cambios muy beneficiosos en todo lo que se intente conseguir.

Sentimientos. La vida familiar está bien equilibrada, pero en un sentido más bien material. La comprensión pasa a menudo por relaciones y aspectos intelectualizados. Los vínculos afectivos son tranquilizadores.

Material. Se anuncia un buen desarrollo financiero. Predomina la seguridad. La prosperidad puede estar al caer. La energía positiva anuncia un acontecimiento feliz.

Profesional. El éxito social tiene repercusiones positivas. Los apoyos juegan un papel importante en el progreso y las promociones. El poder y la autoridad se conjugan para permitir el éxito.

Salud. Se recobran la fuerza y la energía, tanto en el plano moral como físico.

Síntesis. Ésta es una carta que aporta buenas realizaciones en la vida del consultante. Las mejoras son felices, rápidas y muy positivas.

Particularidad. Confirma una evolución activa y conveniente con:
— el Mundo (carta 21);
— el Sol (carta 19);
— el Carro (carta 7).

LAS ESPADAS

«La espada es el arma del poder y como tal posee un doble aspecto: uno, destructor, aunque la destrucción puede aplicarse a la injusticia, a lo maléfico, a la ignorancia y, de ese modo, ser positivo; otro, constructivo, que establece y mantiene la paz y la justicia.»

Diccionario de los símbolos

AS DE ESPADAS

Una mano firme sostiene una espada, símbolo de valentía y de fatalidad, con el filo hacia arriba. Ese extremo está oculto por una corona de oro que simboliza el poder. Las ramas de laurel y de roble indican la victoria y la energía.
Su aparición implica que se posee la fuerza necesaria para hacer triunfar los proyectos y las esperanzas.

Sentimientos. Una gran determinación permite restablecer el orden en las relaciones amistosas. La potencia intelectual confiere dominio sobre los demás. El buen juicio aporta equilibrio en las amistades.

Material. Se encuentran fácilmente soluciones para salir de los problemas financieros. Posibilidad de importantes ganancias. La prudencia permite la estabilidad material.

Profesional. Los asuntos en curso tendrán un feliz desenlace. El coraje, y sobre todo el deseo de vencer, permiten desarrollar excelentes iniciativas y logran que los esfuerzos queden recompensados. Las nuevas empresas podrán afrentarse con eficacia.

Salud. Una intensa vitalidad permite vencer pequeñas molestias.

Síntesis. Ésta es la carta de la razón y la inteligencia. Anuncia el triunfo sobre todas las dificultades mediante su poder de liberación.

Particularidad. Confirma el poder y la fuerza con:
— la Justicia (carta 8);
— el Emperador (carta 4);
— el Carro (carta 7);
la espiritualidad con:
— el Sumo Sacerdote (carta 5);
— la Sacerdotisa (carta 2).

DOS DE ESPADAS

Dos espadas simbólicas se cruzan en señal de dualidad. En el centro hay una flor de pétalos simétricos.
Su aparición significa luchas, inconvenientes y obligaciones de todo género. Ratifica los aspectos conflictivos.

Sentimientos. Las relaciones afectivas prosperan en absoluto. Por el contrario, esta carta confirma más bien un problema de celos, de abuso de confianza y de maldad. Los disgustos y los conflictos son agotadores.

Material. Los asuntos financieros se ven sometidos a rudas pruebas. Las dificultades se multiplican y las soluciones no aparecen. Las preocupaciones se vuelven irritantes.

Profesional. Contrariedades en todas las actividades. La falsedad y las desavenencias hacen muy difícil la evolución profesional. La lucha es permanente, y el combate, difícil.

Salud. La salud no mejora y genera preocupaciones.

Síntesis. Es la carta de las oposiciones y las rivalidades. Embrolla y complica las situaciones nuevas.

Particularidad. Confirma las luchas y las dualidades con:
— El Enamorado (carta 6);
— la Justicia (carta 8);
los conflictos y celos con:
— el Diablo (carta 15).

TRES DE ESPADAS

Dos espadas se cruzan mientras una tercera, colocada verticalmente en sentido contrario, neutraliza la dualidad.
Su aparición indica diferencias, soledad y dispersión. El desarrollo de los proyectos se retrasa.

Sentimientos. Todas las relaciones afectivas se complican. Desavenencias y disputas que pueden implicar rupturas. Las relaciones sentimentales se perturban.

Material. Cuesta trabajo resolver las dificultades financieras y los problemas que se presentan. La situación material se ve fuertemente comprometida. Arrecian los aprietos.

Profesional. La vida profesional está seriamente trabada. En el plano social, no consigue aumentar de categoría. Pese a que la lucha por mantenerse es constante, sus negocios pueden sufrir una quiebra.

Salud. La salud es frágil y desequilibrada.

Síntesis. Ésta es la carta de las complicaciones y de los inconvenientes. Compromete y complica todas las empresas.

Particularidad. Corrobora las desavenencias con:
— el Diablo (carta 15);
la soledad y la dispersión con:
— el Ermitaño (carta 9);
— el Loco (carta 22).

CUATRO DE ESPADAS

De dos en dos, las espadas se cruzan y se entrelazan. Simbolizan los cuatro elementos, y cada uno aporta su fuerza.
Su aparición significa que su poder permite al consultante luchar contra las dificultades. Representa el triunfo sobre los acontecimientos.

Sentimientos. Se produce una feliz estabilización en las relaciones afectivas. La inteligencia predispone a la benevolencia y prevalecen la paz y la tranquilidad.

Material. Se alcanzan las metas fijadas. El capital es estable. Las inversiones son sólidas y tranquilizadoras, por lo que el éxito financiero está asegurado.

Profesional. Se arreglan los asuntos atrasados y desaparecen fácilmente las molestias. Se dispone de fuerza para neutralizar los obstáculos, y de medios para resolver los problemas.

Salud. Se recobra la vitalidad.

Síntesis. Es la carta del triunfo sobre las trabas y las preocupaciones. Los efectos negativos de la fatalidad se ven neutralizados. Tranquiliza y equilibra.

Particularidad. Confirma un triunfo sobre las dificultades con:
— el Emperador (carta 4);
— la Fuerza (carta 11);
— el Carro (carta 7);
una liberación de las dificultades con:
— la Muerte (carta 13);
— el Juicio (carta 20);
— el Sumo Sacerdote (carta 5).

CINCO DE ESPADAS

Las espadas se cruzan por parejas como en la carta anterior, mientras una quinta, superpuesta en sentido inverso, aporta un nuevo elemento.
Su aparición implica una fuerza suplementaria sobre los acontecimientos. A pesar de todo, las adversidades y las derrotas parecen prevalecer.

Sentimientos. La maledicencia perturba las relaciones afectivas. Los sufrimientos sentimentales conducen a una profunda tristeza. Los malentendidos no se aclaran. Esta carta anuncia desavenencias y conflictos conyugales.

Material. Debe preverse el riesgo de pérdidas financieras. Se acumulan las deudas a pesar de las buenas intenciones. Los aprietos materiales causan contrariedades.

Profesional. Las obligaciones y las exigencias le pesan. Los superiores no demuestran buena voluntad. Se lamenta la falta de libertad. Las circunstancias imponen restricciones.

Salud. La salud física y los ánimos decaen.

Síntesis. Ésta es la carta de la ambigüedad. Aquí, la espada posee un doble sentido: potencia y coraje o destrucción y guerra.

Particularidad. Confirma las satisfacciones con:
— el Mago (carta 1);
— la Emperatriz (carta 3);
lleva a las preocupaciones con:
— el Colgado (carta 12);
— la Torre (carta 16);
— el Diablo (carta 15).

SEIS DE ESPADAS

Dos veces la terna indica la dualidad entre lo material y lo espiritual. Las espadas están aquí representadas con una diversidad de colores que recuerda a los bastos.

Su aparición anuncia los obstáculos, las dificultades y las desavenencias. Conduce a conflictos y rivalidades de todo tipo.

Sentimientos. La maledicencia y la calumnia perturban los contactos afectivos. Estallan peleas con las amistades. Las relaciones con el entorno son más bien negativas. Los esfuerzos de buena voluntad no dan resultado.

Material. Dificultades repentinas provocan una crisis financiera y gastos imprevistos. Bloqueos y obstáculos de todo tipo impiden una liberación.

Profesional. El trabajo y las actividades diversas se desenvuelven en un muy mal ambiente. Los adversarios se convierten en verdaderos enemigos. La maledicencia y las rivalidades provocan enojos.

Salud. Malestares diversos que inquietan e impiden la acción.

Síntesis. Ésta es la carta de la inmovilidad, de la antipatía y de la hipocresía. No aporta soluciones a los problemas sino que los complica.

Particularidad. Confirma las dificultades, las contrariedades y el desorden con:
— el Diablo (carta 15);
— el Loco (carta 22);
— la Torre (carta 16);
la enfermedad con:
— el Colgado (carta 12).

SIETE DE ESPADAS

Las espadas están cruzadas en dos grupos de tres, mientras que la séptima se eleva verticalmente, con el filo hacia arriba, para confirmar un impulso activo.

Su aparición indica que los obstáculos no serán vencidos fácilmente. Habrá que combatir para triunfar sobre las dificultades.

Sentimientos. Todas las situaciones afectivas se verán perturbadas. A pesar de las tentativas de avenencia, se producen peleas que no facilitan las relaciones. La desconfianza ayuda a veces a triunfar.

Material. Pocas satisfacciones en el terreno material. No obstante, existirá la posibilidad de vencer las dificultades cotidianas. La lucha para equilibrar las finanzas es permanente.

Profesional. El desarrollo de las actividades sufre todo tipo de inconvenientes. La lucha y el combate son de rigor si se desea mantener un equilibrio profesional. Para alcanzar la meta fijada, el consultante debe tener una gran confianza en sí mismo.

Salud. Es muy probable que se puedan vencer los problemas de salud.

Síntesis. Ésta es la carta del triunfo logrado con la lucha y los esfuerzos constantes. La adversidad está presente, pero también el coraje.

Particularidad. Confirma las posibilidades de vencer las pruebas con:
— el Carro (carta 7);
— la Fuerza (carta 11);
— el Mundo (carta 21);
— el Emperador (carta 4).

OCHO DE ESPADAS

Al igual que con los bastos, hay un entrelazamiento además de un cruce de espadas. La doble estabilidad entraña la inmovilización.
Su aparición anuncia la inconstancia y la espera. Indica malas noticias y provoca crisis.

Sentimientos. Muchas contrariedades en el terreno afectivo. Reproches injustificados provocan disgustos con los allegados, y las relaciones son tensas. Existen riesgos de ruptura y de separación.

Material. Inestabilidad que provoca graves dificultades financieras. El desaliento no permite ascender nuevamente en el plano material. Las dificultades se acumulan a fin de mes.

Profesional. Los negocios se complican y existe el riesgo de una catástrofe. Observaciones desagradables en el lugar de trabajo causan contrariedades e inquietud y provocan la inacción. La pérdida de confianza lleva a lo peor.

Salud. El estado físico y la moral son muy bajos.

Síntesis. Ésta es la carta de la incertidumbre, de las luchas y de las penas. Los aprietos de todo tipo representan pesadas pruebas.

Particularidad. Confirma la inestabilidad y la incertidumbre con:
— El Enamorado (carta 6);
— la Rueda de la Fortuna (carta 10);
— el Loco (carta 22);
las preocupaciones de salud con:
— el Colgado (carta 12);
— la Torre (carta 16).

NUEVE DE ESPADAS

Dos veces el cuaternario, con una novena espada colocada verticalmente para sujetar con su fuerza las otras ocho.
Su aparición anuncia obstáculos que no se pueden soslayar. Entraña muchas penas y preocupaciones.

Sentimientos. Las relaciones con el entorno son particularmente difíciles. Esta carta anuncia las rupturas, las separaciones y los divorcios. Es el fin de una amistad o de un amor.

Material. Riesgo de pérdida material. Numerosos problemas esperan al consultante debido a los gastos que se verá obligado a hacer. Los ingresos se demoran e incluso desaparecen.

Profesional. La falta de popularidad es contraria a la evolución profesional y social. La actividad se torna difícil debido a malentendidos en las relaciones. Pérdidas de empleo y despidos.

Salud. El equilibrio es deficiente y existe el riesgo de una enfermedad.

Síntesis. Ésta es la carta de las trabas y las luchas de las que no se puede salir bien librado. Aporta amargura y pesares.

Particularidad. Confirma los retrasos, las rupturas y los obstáculos con:
— la Torre (carta 16);
— el Colgado (carta 12);
— el Ermitaño (carta 9);
— la Luna (carta 18).

DIEZ DE ESPADAS

Dos veces cuatro espadas, representadas con otras dos azules que se cruzan para brindar una fuerza suplementaria.
Su aparición en un juego indica poder sobre los acontecimientos. Permite extraer ventajas de las diferencias.

Sentimientos. Las relaciones afectivas mejoran, a pesar de algunos disgustos. El amor propio queda herido, pero se supera. Una nueva energía regenera al consultante.

Material. Las finanzas son favorecidas con transacciones fáciles. Las ganancias y los créditos evolucionan, pero hay que mantenerse alerta. Se necesita cierto rigor para superar una situación.

Profesional. El ascenso social es rápido y puede alcanzarse el éxito en el ámbito profesional. Los negocios y las diferentes empresas dan buenos resultados. Fin de las luchas y las dificultades en el trabajo.

Salud. Una buena reacción que hace recuperar la energía perdida.

Síntesis. Ésta es la carta de la rapidez y de los cambios. Aporta nuevas fuerzas para vencer los obstáculos.

Particularidad. Confirma poder de acción sobre los acontecimientos con:
— el Emperador (carta 4);
— la Fuerza (carta 11);
— el Carro (carta 7);
ventaja en todas las situaciones con:
— el Sol (carta 19);
— el Mundo (carta 21).

LAS FIGURAS
DE LOS CUATRO ELEMENTOS

REY DE COPAS

Un hombre con barba blanca, símbolo de los años de experiencia, tocado con una corona de oro, sinónimo de poder, que sostiene en su mano derecha una copa de oro.

Esta carta representa a un hombre bueno, devoto y benévolo. Simboliza al propio consultante, un cónyuge, un padre o un amigo. Es muy favorable para la actividad profesional. Facilita las ganancias financieras. Indica excelentes relaciones con el entorno. El rey de copas tiene una influencia beneficiosa, puesto que representa la protección.

REINA DE COPAS

Una mujer vestida de azul y rojo sostiene en su mano derecha una copa tapada, ejemplo de pasividad. En la mano izquierda, un cetro en forma de espada impone una autoridad afectiva.

Esta carta representa a una mujer amable, leal, honesta. Muestra a la propia consultante, la cónyuge, la amiga, la madre, la hermana. Poco favorable para la actividad profesional o material, facilita en cambio las relaciones personales, las amistades.
La reina de copas tiene una influencia positiva sobre los aspectos afectivos.

SOTA DE COPAS

Un hombre joven camina sosteniendo en su mano derecha una copa preparada para ser llenada. Lleva una corona de flores, símbolo de amor y armonía.

Esta carta representa a un joven complaciente, servicial y tímido. Simboliza al propio consultante, a un novio, un hijo, el hermano o el amigo. Esta carta brinda placeres y alegrías. Confirma los sentimientos sinceros. Poco activa, no permite realizaciones importantes. La sota de copas tiene buena influencia sobre los aspectos afectivos.

CABALLO DE COPAS

Un hombre de mediana edad, con la cabeza descubierta, sobre un caballo en marcha, sostiene en su mano derecha una copa destapada, símbolo de la ofrenda de la que es portador.

Esta carta permite un cambio y una evolución en el plano afectivo. Aporta alegría y felicidad. No es muy activa en el campo profesional. Indica a menudo un nuevo conocimiento, una nueva relación. El caballo de copas protege la vida afectiva y consolida los vínculos existentes.

REY DE OROS

Un hombre sentado, con barba blanca, imagen de los años de experiencia, lleva un sombrero de ala ancha que recuerda al infinito. Su pie derecho, ligeramente levantado, señala una toma de decisión. Con su mano derecha presenta una moneda de oro.

Esta carta representa a un hombre serio, leal, inteligente. Se refiere al propio consultante, o al cónyuge, el padre, un amigo. No es muy favorable para la actividad profesional. Influye de manera beneficiosa en todos los terrenos materiales. Puede indicar también las instituciones bancarias y los créditos financieros. El rey de oros simboliza a un protector influyente con el que se puede contar.

REINA DE OROS

Una mujer sentada sostiene en su mano derecha levantada, una moneda de oro, símbolo de lo material. Su corona y su cetro indican el poder y el mando.

Esta carta representa a una mujer inteligente, seria, honesta. Es signo de la propia consultante, la cónyuge, una madre, una amiga. Aunque no es muy favorable para la vida afectiva, es sincera. Es portadora de felices soluciones en el campo material. Facilita los contactos y las relaciones profesionales. La reina de oros tiene influencia protectora y productiva.

SOTA DE OROS

Un hombre joven ofrece, con su mano derecha levantada, una moneda de oro.

De pie, sus pies en escuadra indican la estabilidad. Su sombrero recuerda al ocho cósmico. Otra moneda de oro en el suelo representa la fecundidad del poder material. Esta carta representa a un joven serio, inteligente y agradable. Indica al propio consultante, al novio, el hijo, el hermano o el amigo. Es favorable al progreso material. Concede suerte en el terreno profesional. La sota de oros aporta la reflexión y la aplicación en las empresas.

CABALLO DE OROS

Un hombre joven, montado en un caballo, mira una moneda de oro colocada en lo alto. Sobre su hombro descansa un basto sostenido con la mano derecha, que indica la acción razonada.

Esta carta permite las realizaciones materiales y las satisfacciones profesionales. Acelera la realización de los proyectos y los negocios. Brinda una excelente estabilidad en todos los planos. No es desfavorable para la actividad, pero la razón domina. El caballo de oros tiene una influencia protectora y conveniente.

REY DE BASTOS

Un hombre ricamente vestido lleva un sombrero rematado por una corona. Sostiene firmemente en su mano derecha un basto o un cetro. Su actitud es signo de poder y autoridad. Esta carta representa las decisiones, la potencia, el dominio.

Indica al propio consultante, o a un cónyuge, un padre, un amigo. Muy favorable para los negocios en general, facilita el progreso. Es portadora de ayuda y apoyo en situaciones materiales. Señala a menudo a un jefe o una autoridad dominante. El rey de bastos es el éxito, la ambición, la actividad y el poder.

REINA DE BASTOS

Una mujer sentada luce la corona del poder sobre sus largos cabellos como símbolo de fuerza.
Sostiene firmemente un basto apoyado sobre su hombro, como señal de autoridad.

Esta carta representa a una mujer inteligente, activa, autoritaria. Se relaciona con la propia consultante, una amiga, una jefa. Facilita la realización de los proyectos materiales y profesionales. Permite que los negocios den buenos resultados. Impone su voluntad para triunfar sobre las pruebas. La reina de bastos simboliza a una mujer segura de sí misma e independiente, mejor dotada para los negocios que para los sentimientos.

SOTA DE BASTOS

Un hombre joven ofrece con sus dos manos extendidas un basto verde, símbolo de mando. Está en marcha, indicando el movimiento.

Esta carta representa la actividad y la energía desplegadas para la realización de las acciones. Indica al propio consultante, a un hijo, un amigo, un hermano. Concede la intelectualidad y confirma el éxito profesional. Es considerada a menudo como «portadora de noticias». La sota de bastos indica tanto la elevación espiritual y afectiva como la material y financiera.

CABALLO DE BASTOS

Un caballero, sobre un caballo en marcha, presenta un basto con su mano izquierda extendida.
Su sombrero recuerda al infinito y el conjunto aporta una actividad creadora.

La carta representa los desplazamientos y una gran animación.
Anuncia novedades y gestiones. Indica transformaciones favorables en la actividad y en las finanzas. El caballo de bastos simboliza la reflexión y la experiencia, el éxito en las empresas y un buen equilibrio.

REY DE ESPADAS

Este personaje sostiene firmemente en su mano derecha una espada, símbolo de valor y de fatalidad. En la mano izquierda, el basto confirma el poder y el mando. Para apoyar sus decisiones, el pie derecho está colocado más alto que el izquierdo.

Esta carta representa la severidad, la sequedad y la inflexibilidad. Indica al propio consultante, al cónyuge, un pariente, una relación. Señala la frialdad y la dureza en la vida afectiva. Reglamenta todos los negocios de manera estricta y oficial. Se relaciona con los asuntos judiciales o administrativos. El rey de espadas es el símbolo de una autoridad fuerte y poderosa.

REINA DE ESPADAS

Una mujer vestida de azul y rojo lleva una corona de oro, emblema de su autoridad.
Está sentada y sostiene en la mano derecha una espada que le da el poder de resolver.

Esta carta representa, como la anterior, la severidad y la frialdad. La mujer puede ser la propia consultante, o una parienta cercana como la madre, la abuela o la suegra.
No es muy favorable para las relaciones afectivas y perturba la serenidad familiar. Provoca enojos y peleas.

SOTA DE ESPADAS

Un muchacho de noble aspecto permanece inmóvil, con los pies en línea recta. Acaba de desenvainar la espada con la mano izquierda, símbolo de la fatalidad.

Esta carta indica la maldad, los celos, la traición. Puede representar a una persona joven malvada y deshonesta.
Señala a menudo sentimientos muy negativos.
Lleva contrariedades a todas las situaciones y complica los lazos afectivos.
La sota de espadas es el símbolo del abuso de confianza y del peligro.

CABALLO DE ESPADAS

Un hombre joven con armadura monta un caballo al galope. Blande una espada en la mano izquierda, símbolo de la defensa por la acción.
Esta carta indica las acciones esforzadas, valerosas y temerarias.

Señala las decisiones enérgicas. Implica gestiones y desplazamientos poco agradables. Permite liberarse de obligaciones y aclarar las situaciones. El caballo de espadas es el símbolo de la fuerza y del poder recibidos para combatir y vencer los obstáculos.

LOS DIFERENTES MÉTODOS

«La habilidad adivinatoria se desarrolla con el ejercicio. A fuerza de practicar con los enigmas simbólicos, la imaginación se flexibiliza. Termina por adquirir una lucidez interpretativa que inicia, de manera general, en las sutilezas del simbolismo, permitiendo penetrar en el esoterismo de las obras de arte, de los poemas mitológicos y de las religiones.»

Oswald Wirth

LA CRUZ O LA PREGUNTA

Esta modalidad, una de las más clásicas y sencillas de abordar la interpretación del Tarot, requiere únicamente el empleo de los arcanos mayores.
Después de haber barajado lentamente las veintidós cartas, se corta con la mano izquierda formulando claramente una pregunta. No hay que olvidar jamás que la forma de plantear la pregunta es esencial para obtener del Tarot una respuesta precisa.
Siempre con la mano izquierda se sacan cuatro cartas que se disponen de la siguiente manera:

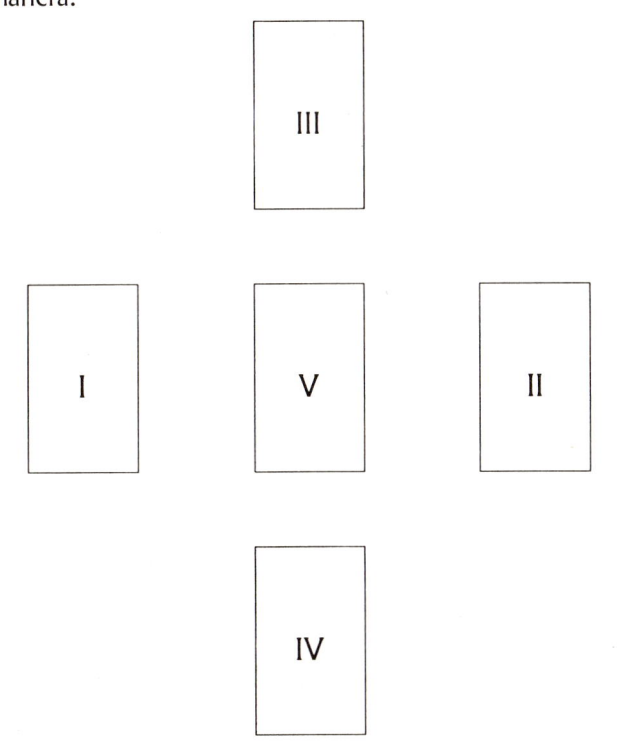

```
          III

   I       V       II

          IV
```

La primera representa al consultante en relación con su pregunta.
La segunda va a propiciar o a dificultar el resultado.
La tercera indica el objetivo, las posibilidades, la fuerza mayor.
La cuarta carta da la respuesta.
La síntesis se obtiene sumando el valor de las cuatro cartas.

¿Voy a conseguir una situación que me beneficie?

El coraje y el dominio personal animan al consultante que aparece en la Fuerza. La Templanza calma y atempera las energías y le da la serenidad para intentar cumplir sus deseos.
El Sumo Sacerdote no sólo es portador de «protección», de suerte, sino que brinda también excelentes consejos para realizar los proyectos.
El Sol como respuesta garantiza un brillante éxito, la plasmación conveniente de sus esperanzas.

Fuerza (11) + Templanza (14) + Sumo Sacerdote (5) + Sol (19) = 49.
4 + 9 = 13, o la Muerte, la carta de la transformación.
La síntesis anuncia una renovación completa y positiva en el campo profesional.

¿Voy a conseguir una situación que me beneficie?

La indecisión, la vacilación, son los rasgos dominantes del consultante que aparece en el Enamorado.
El Loco acentúa la inestabilidad, la dificultad para tomar decisiones.
Se esconde detrás de los velos de la Sacerdotisa que le incita sin embargo a la actividad, pero la Torre, como respuesta, no anuncia ninguna posibilidad de éxito en lo inmediato.

Enamorado (6) + Loco (0) + Sacerdotisa (2) + Torre (16) = 24.
2 + 4 = 6 apunta a el Enamorado.
En síntesis, esta carta deja al consultante en una posición incierta y difícil.

¿Voy a lograr un ascenso en mi empresa?

El conjunto de la Templanza y del Sumo Sacerdote permite una adaptabilidad objetiva. La calma, la paz y la serenidad neutralizan los efectos negativos.
La Rueda de la Fortuna acelera el movimiento hacia un progreso evidente, probablemente con una mayor libertad en su actividades.
El Mago, como respuesta, confirma un cambio, confiere al consultante un poder pleno de promesas.

Templanza (14) + Sumo Sacerdote (5) + Rueda de la Fortuna (10) + Mago (1) = 30.
3 + 0 = 3, la Emperatriz.
En síntesis, esta carta apoya y refuerza la realización de los proyectos de manera beneficiosa.

¿Voy a lograr un ascenso en mi empresa?

El consultante aparece en la Luna: sensible, pasivo, debe enfrentar el poder orgulloso y la fuerte dominación del Diablo.
A pesar de su «buena Estrella», que presagia una feliz influencia, el progreso no es rápido.
El Ermitaño como respuesta frena y retarda lamentablemente la promoción anhelada.

Luna (18) + Diablo (15) + Estrella (17) + Ermitaño (9) = 59.
5 + 9 = 14, o sea la Templanza.
La Templanza, en síntesis, reclama paciencia. La evolución será lenta pero regular. Conviene esperar sin perder las esperanzas.

¿Es favorable emprender «tal» viaje?

La necesidad de movimiento resulta evidente pues el consultante aparece en el Carro.
El Loco acentúa la necesidad de «huída» y de partida.
El Sol con su brillo aclara la cuestión y el Mundo como respuesta favorece plenamente este viaje.

Carro (7) + Loco (0) + Sol (19) + Mundo (21) = 47.
4 + 7 = 11, o sea la Fuerza.
Esta carta, como síntesis, apoya la energía del consultante para la realización de un proyecto.
Señalamos, por otra parte, que el conjunto Sol y Mundo es particularmente beneficioso para la concreción de los deseos. En este caso en particular, todo hace suponer que el consultante debe pasar una o varias fronteras (Mundo) y que se dirige hacia un país cálido (Sol).

¿Es favorable emprender «tal» viaje?

El consultante aparece en el Colgado. Es pasivo y está en una posición de espera. La vacilación y la incertidumbre se caracterizan por tener al Enamorado en oposición.
La Luna le deja en el ensueño y las ilusiones, mientras que el aspecto de pasividad aparece de nuevo.
El Loco, como respuesta, indica ganas de partir, pero la incapacidad de actuar dificulta la decisión.

Colgado (12) + Enamorado (6) + Luna (18) + Loco (0) = 36.
3 + 6 = 9, o sea el Ermitaño.
El Ermitaño como síntesis no incita al desplazamiento ni al viaje.

¿Voy a restablecer mi situación financiera?

El consultante aparece en la Sacerdotisa. Es serio y previsor.
La Estrella, de buen presagio, le da esperanzas de armonía.
El Carro es portador de fuerza y del dominio necesario para superar las dificultades del momento.
La Rueda de la Fortuna, que aporta soluciones y oportunidades, hace evolucionar rápidamente la situación financiera y restablece el equilibrio.

Sacerdotisa (2) + Estrella (17) + Carro (7) + Rueda de la Fortuna (10) = 36
3 + 6 = 9, o el Ermitaño.
El Ermitaño, como síntesis, refuerza la prudencia y la sabiduría de la Sacerdotisa.

Es importante, sin embargo, señalar que con la Rueda de la Fortuna como respuesta se produce un restablecimiento, pero que no hay que esperar la fortuna con el Ermitaño como síntesis.

¿Voy a restablecer mi situación financiera?

El Ermitaño coloca al consultante en una posición crítica y difícil.
Por su inconsciencia y su extravagancia, el Loco no contribuye a restablecer la situación.
La Emperatriz adquiere en esta ocasión un aspecto de frivolidad y de despilfarro de los recursos.
Finalmente, la Torre como respuesta no incita al optimismo: se debe recomendar la mayor prudencia.

Ermitaño (9) + Loco (0) + Emperatriz (3) + Torre (16) = 28.
2 + 8 = 10, es decir, la Rueda de la Fortuna.
En síntesis, esta carta es más bien tranquilizadora para el futuro a condición de que seamos más serios en el manejo de las finanzas.
La rueda gira en los dos sentidos...

LA HERRADURA

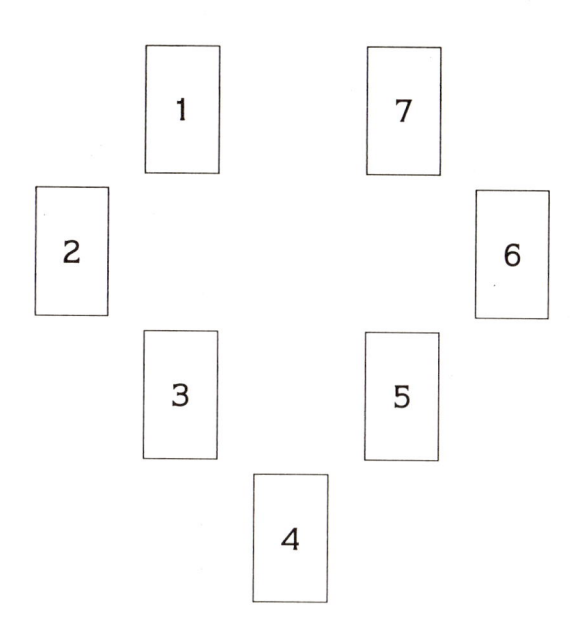

```
    1         7

 2               6

    3         5

         4
```

Más sofisticada que la CRUZ, la HERRADURA responde a una pregunta precisa, dando además consejos muy útiles para resolver el problema planteado. Después de haber barajado y cortado los veintidós arcanos mayores, se extraen siete cartas con la mano izquierda que se colocan en el orden siguiente:

La carta 1 representa al consultante.
La carta 2 encarna las fuerzas del presente.
La carta 3 concierne al porvenir, de manera general.
Las cartas 4 y 5 dan consejos y opiniones sobre la actitud que es conveniente adoptar con el entorno (se entiende que en relación a la pregunta formulada).
La carta 6 informa de los obstáculos que habrá que superar o evitar.
La carta 7 da la respuesta.

Cada una de estas cartas puede cubrirse, de manera facultativa, con los arcanos menores, para obtener información complementaria.

¿Mejorarán mis relaciones con «tal persona»?

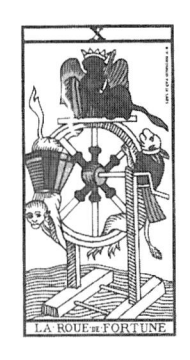

El consultante aparece en la Fuerza, señalando así su determinación de triunfar en la situación actual.
El Ermitaño le reclama paciencia y prudencia. Antes de actuar, es preciso tomarse su tiempo.
El futuro se anuncia más bien victorioso con el Carro, listo para vencer los obstáculos.
La actitud hacia «el otro debe estar marcada por la serenidad, la benevolencia y la bondad. Las influencias conjugadas de la Templanza y del Sumo Sacerdote conducen a la armonía y a la conciliación.
La Sacerdotisa requiere que se borren los rencores y que se evite la incomprensión.
La respuesta confirma un cambio y una renovación favorable, todo ello de forma rápida, como lo evidencia la Rueda de la Fortuna.

¿Tendré éxito en las oposiciones a las que me he presentado?

El consultante aparece en el Enamorado: le falta confianza en sí mismo, pero no los medios para lograr el éxito.
Sin embargo el Sol le hace sentirse seguro de su inteligencia y le confirma las posibilidades de destacarse.
El futuro, por medio de la Templanza, probará su capacidad, concediéndole mayor confianza.
La suerte estará de su parte y, ante todo, debe tener esperanzas (Estrella) y voluntad de adaptarse (Mago) a las circunstancias actuales, sabiendo que cuenta con todos los elementos para triunfar.
La Justicia le pide que evite una rigidez excesiva y que deseche la menor vacilación.
La Emperatriz le concede un brillante éxito en estas oposiciones, que le permitirán un ascenso social.

¿Se concretará la anhelada promoción profesional?

El consultante aparece en el Mago. Está lleno de buena voluntad y desea esta promoción.

Es necesario, sin embargo que aprenda a tener paciencia. La evolución sólo puede realizarse lentamente (Ermitaño). El tiempo corre a su favor... El Sumo Sacerdote demuestra, por otra parte, que le rodea una protección ventajosa.

¿Sus dificultades? La agitación del Mago y la sensibilidad de la Luna.

Por ello, el tarot le aconseja vivamente desprenderse de un exceso de imaginación (la Muerte relacionada con la Luna) sin necesidad de convertirse en un Emperador autoritario y tiránico.

La respuesta le coloca en posición de expectativa. El Colgado demuestra sin duda que todavía no está preparado para asumir esa función.

Los arcanos menores refuerzan a los elementos precedentes. Así, la fogosidad del Mago se ve frenada por el dos de oros.

El nueve de espadas sobre el Ermitaño señala la prueba de la espera.

El diez de espadas sobre el Sumo Sacerdote confiere un poder que permite conservar la confianza.

El siete de oros sobre la Muerte anuncia el éxito después de una transformación y una liberación profundas. La Luna, cubierta por el tres de copas, apunta hacia el aspecto afectivo que el consultante debe superar.

El cuatro de bastos, relacionado con el Emperador, que también lleva el número cuatro, ratifica que no hay que caer en la materialidad más absoluta.

Finalmente, el ocho de bastos no indica una satisfacción profesional inmediata. El consultante no debe desalentarse por esta respuesta negativa. Por el contrario, debe usar los elementos que acaban de serle comunicados para intentar lograr un mejor resultado al cabo de algunos meses.

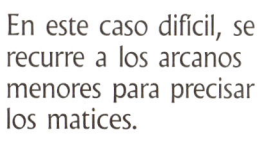

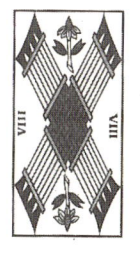

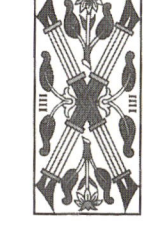

En este caso difícil, se recurre a los arcanos menores para precisar los matices.

¿Puedo alcanzar el éxito artístico?

Este armonioso conjunto de cartas nos demuestra, sin el menor lugar a dudas, que el consultante ha elegido bien su camino.

Aparece en la Luna, es decir, con toda la sensibilidad y la imaginación que necesitan los artistas.

La Estrella y la Emperatriz juntas confirman el encanto, la dulzura, la comunicación, de la que el consultante sabe hacer gala.

Su futuro en esta carrera está subrayado por el Mundo y el Sol, dos índices de éxito indiscutible y de brillantes realizaciones.

El Juicio le otorga nuevas e inesperadas posibilidades.

La Justicia le recomienda no ser demasiado estricto.

		3		10
6	2/1	4	9	
	5		8	
			7	

EL MÉTODO CELTA

Se trata de un método muy simple que responde siempre a una preocupación precisa. Contrariamente a la rueda astrológica, cuyas tiradas deben espaciarse tres semanas como mínimo, el método celta puede practicarse con mayor frecuencia.

Después de mezclar y cortar los veintidós arcanos mayores, el consultante extrae diez cartas que se disponen según el gráfico que se describe a continuación:

— La carta 1 indica la posición del consultante en relación a su pregunta.
— La carta 2 señala la influencia presente e inmediata.
— La carta 3, el objetivo deseado, la posible realización, las oportunidades.
— La carta 4 las experiencias del pasado (conocimientos de los que hay que saber servirse)
— La carta 5 confirma una situación presente (puede estar asociada con la interpretación de la carta 2).
— La carta 6 anuncia las influencias futuras.
— La carta 7 representa el estado de ánimo del consultante, y su interpretación puede estar relacionada con la de la carta 1.
— La carta 8 revela los factores ambientales o las influencias del entorno.
— La carta 9 señala las emociones interiores o los temores, las esperanzas, los deseos.
— La carta 10 da una respuesta, un resultado final.

XX
LE JUGEMENT
LE MAT
XVII
L'ETOILE
VIII
LA JUSTICE
V
LE PAPE
XI
LA FORCE
XVIIII
LE SOLEIL
XV
LE DIABLE
XII
LE PENDU
VI
L'AMOVREVX

Cada una de estas cartas podrá matizarse, si resulta necesario, con los arcanos menores.
La Justicia y el Sumo Sacerdote reunidos confirman una decisión tomada con razón y lógica.
La renovación está bien inspirada y conduce a una liberación completa del pasado (Juicio).
La renuncia está confirmada por el Colgado.
Fuerzas nuevas y poderosas (Fuerza) impulsan al consultante hacia la armonía de la Estrella.
A pesar de que se toma todo el tiempo necesario para reflexionar con el Enamorado, todas las influencias que le rodean parecen querer concretar con orgullo y dominio una situación en plena evolución (Diablo + Sol).
El Loco determina una marcha hacia la libertad y la independencia.

148

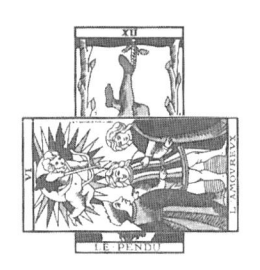

Sin haber formulado verdaderamente una pregunta precisa, el consultante ha echado las cartas, preocupado por su vida afectiva.
Los aspectos Enamorado y Colgado marcan un estado de desaliento y dificultad para tomar decisiones.
A pesar de su deseo de que mejore su vida sentimental, pesa los pros y los contras (Justicia) demasiado seriamente (Sacerdotisa). Sin embargo, con un poco más de confianza, el Carro podría llevarle hacia el éxito (Mundo).
Aparece en Juicio, lo que apunta a que se le va a presentar una nueva situación. Las influencias que le rodean le demandan que se libere de su pasado (la Muerte), mientras que en lo más profundo de si mismo abriga la esperanza (Estrella).
Al final la Torre anuncia un vuelco en el campo afectivo. Sin duda alguna, el consultante debe intentar comprender algo para ir hacia la felicidad esperada. Los arcanos menores (página siguiente) nos dan elementos complementarios.

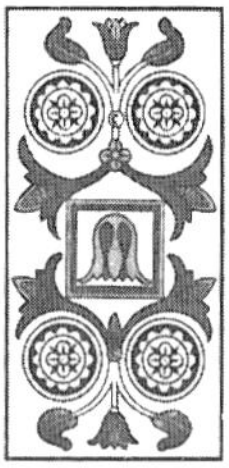

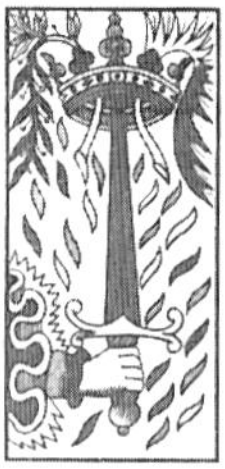

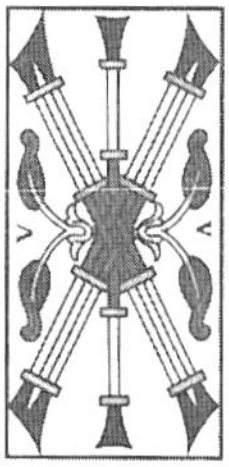

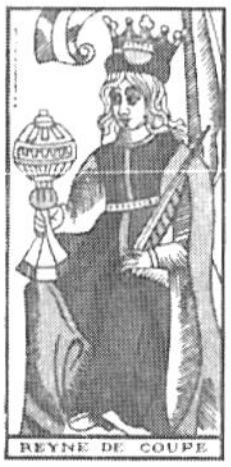
REYNE DE COUPE

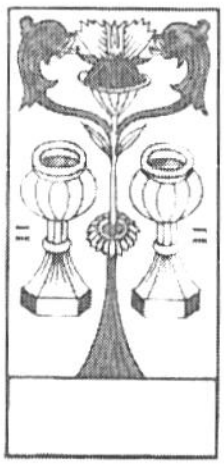

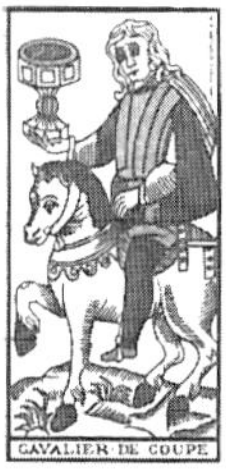
CAVALIER DE COUPE

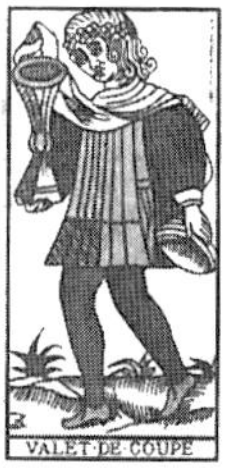
VALET DE COUPE

Destaca un predominio de los doses, dos de espadas y dos de bastos sobre el Enamorado y el Colgado, anunciando que el consultante libra un combate interior y que lucha consigo mismo. Su timidez (sota de copas) le impide «arremeter», como le aconsejan hacer el siete de espadas y el cinco de bastos. Parece que ha quedado apegado a una mujer de su pasado (reina de copas). No obstante, es satisfactorio constatar que la espada del poder sobre la Torre le ofrecerá la posibilidad de liberarse y tener la energía necesaria para solucionar su conflicto personal (dos de copas).

LA LÍNEA O EL CUADRADO

Después de barajar y cortar los 22 arcanos mayores, el consultante extrae nueve cartas que se disponen como se muestra a continuación, en línea o en cuadrado:

Las tres primeras cartas representan las fuerzas del pasado, los conocimientos adquiridos o los obstáculos que se deben superar.
Las tres siguientes indican las influencias inmediatas, las posibilidades que se ofrecen, las ocasiones que se deben aprovechar.
Finalmente, las tres últimas conciernen al futuro e indican el camino que hay que seguir y las soluciones.
Después de esta primera interpretación, se puede cubrir cada carta con un arcano menor para confirmar una situación, dar aclaraciones al consultante o ayudarle a comprender mejor el mensaje transmitido. En las páginas siguientes se presentan algunos ejemplos con su correspondiente interpretación.

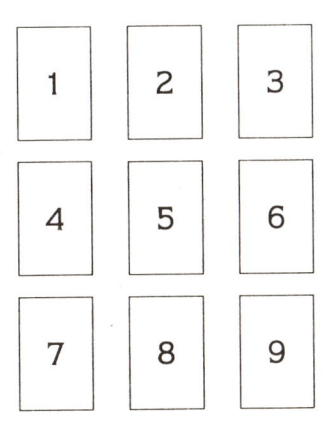

Las fuerzas adquiridas por el consultante están perfectamente equilibradas.
La Justicia, colocada entre la Sacerdotisa y la Luna, da un juicio lúcido.
El conocimiento y la sabiduría interior están puestos al servicio de la intuición.
El conjunto Luna + Sacerdotisa indica también que el consultante sabe esperar pacientemente.
Las influencias inmediatas dan un dominio controlado y bien dirigido.
El carácter complaciente y social de la Estrella por una parte, y su ternura y bondad por la otra, se mezclan con la autoridad y la fuerte voluntad del Emperador: mano de hierro con guante de terciopelo... En conclusión, tenemos aquí un consultante cuyas experiencias pasadas y presentes permiten esperanzas de éxito. La protección del Sumo Sacerdote le conduce al cambio y a la rápida renovación (Juicio) y le lleva hacia un evidente triunfo (Carro).

Intuición, sociabilidad, inteligencia... todo un conjunto positivo que confirma excelentes puntos de partida. El presente parece orientarse hacia una nueva vida, probablemente relacionada con una relación sentimental muy intensa (Sol + Juicio anuncia a menudo los «flechazos»).
Hay interrogantes sobre el futuro, que aparece difícil: la pasión o el orgullo podrían, en efecto, transformar la felicidad en ruptura...
Los arcanos menores anuncian que se producirán importantes transformaciones en el campo afectivo. El dos de copas (enmarcado por el cinco de copas y el caballo de copas) pondrá al consultante ante una importante elección.
La línea del presente define la rapidez de acción y la felicidad.
En cuanto al pasado, parecen existir personajes que tuvieron un papel protector y benéfico en la vida del consultante.

155

LA PIRÁMIDE

Después de haber mezclado y cortado los 22 arcanos mayores, se extraen diez cartas que se colocan según el modelo indicado más abajo. La base de la pirámide se compone de cuatro cartas que representarán las fuerzas, las energías y las potencialidades del consultante, lo que debe hacer en función de sus experiencias pasadas, o, en ciertos casos, lo que debe evitar.
En la segunda línea tres cartas indican las fuerzas y las energías del presente. Representa, de algún modo, la línea de conducta que hay que seguir.
La tercera línea, formada por dos cartas, señala las influencias futuras, las probabilidades y las posibilidades del futuro.
La última carta, colocada en la cima de la pirámide, confirma un resultado. En caso de que no se comprenda claramente el significado de esta última carta, es posible matizarla con otro arcano mayor.
También se pueden se pueden cubrir las cartas con arcanos menores.

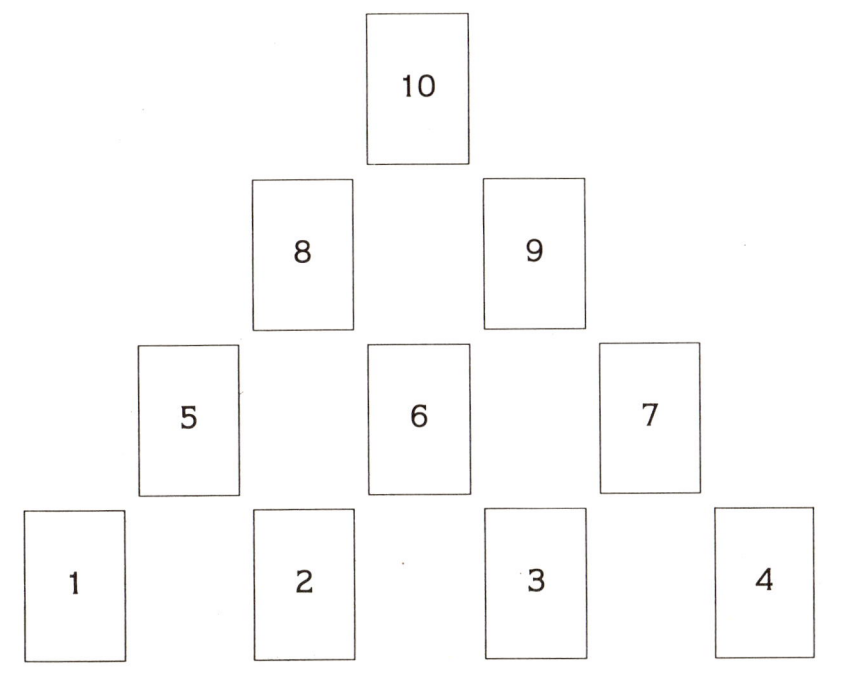

III
L'IMPERATRICE

I
LE BATELEUR

XIIII
TEMPERANCE

VIIII
L'HERMITE

V
LE PAPE

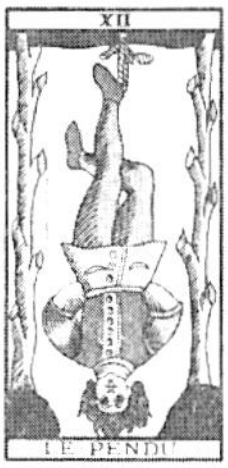
XII
LE PENDU

IIII
L'EMPEREUR

XV
LE DIABLE

XIII

XVI
LA MAISON DIEV

Un trastorno, una prueba, parecen haber presionado intensamente al consultante (Muerte + Torre). Debemos señalar que es probablemente responsable de esa situación debido a su orgullo y a un fuerte deseo de poder y dominio (Emperador + Diablo).

El presente le sugiere la paciencia, la benevolencia y la dedicación que debe aprender a mostrar hacia los demás.

Es probable un deseo de volver a comenzar, impregnado de serenidad y solicitud. Al final, la Emperatriz le indica una apertura intuitiva y comprensiva que le brindará muchas satisfacciones.

Las bases de esta pirámide son fuertes y sólidas: éxito, comprensión, energía, confianza, son los atributos con los que cuenta el consultante. En su vida actual se producen cambios importantes: se está concretando una partida rápida y sorprendente.

Con gran determinación y seguridad de juicio, este consultante no vacilará en liberarse del pasado. Con su potencial de partida, su seguridad de adaptarse positivamente a las modificaciones de la vida, tiene la convicción de que alcanzará la calma, la paz y la serenidad.

Los arcanos menores nos permiten descubrir que el consultante se orienta hacia una nueva senda de orden profesional.
En efecto, aparecen muchos bastos, influidos por números «fuertes» tales como el 4, el 10 o el as.
Se observa de inmediato que estas bases son sólidas tanto en el aspecto material como en el afectivo, y parece que el consultante cumplirá un anhelo que le dará alegría y felicidad.

161

LA RUEDA

La rueda es llamada también «gran tirada astrológica», pues está formada por doce arcanos mayores distribuidos en círculo (según el ejemplo de la página siguiente).
Cada una de estas cartas representa un compartimiento en la vida del consultante, y la analogía con las doce casas astrológicas se confirma con la definición de cada casa. Puesto que se perciben ligeras variaciones, es preciso ver en ello más una diferencia en relación a las preguntas formuladas que una diferencia de fondo.
En efecto, si bien la carta astrológica natal sirve de base a nuestra evolución, desde el nacimiento hasta la muerte, el Tarot en cambio es válido sólo por algunos meses, o incluso tan solo durante algunas semanas. Sus respuestas son, por ello, más espontáneas, y el libre albedrío se plantea de modo más restringido. El Tarot permite pues responder rápidamente a las preocupaciones inmediatas o a corto plazo de los consultantes.
El interés de este método consiste en la posibilidad de obtener también información sobre los problemas relativos a los allegados al consultante, mediante un sistema llamado «casas derivadas». Con la misma tirada de base, el consultante podrá conocer, si así lo desea, su situación personal futura, así como la de sus padres, sus hijos y sus parientes.
Las «derivadas» son un sistema que consiste en reemplazar la definición de una casa por el simbolismo de la casa I y, sucesivamente, las definiciones de las casas siguientes por el simbolismo de las casas II, III, IV, etc. (ver las páginas siguientes). Después de haberlo interpretado, dando las respuestas de orden general y las concernientes a todas las facetas de la vida, se cubren las doce cartas «mayores» con doce «menores». Estos arcanos permiten completar la información, confirmar los hechos, aclarar un tema determinado. Aunque no ofrezcan todas las soluciones, suministran siempre importantes elementos complementarios para las preguntas formuladas.

C
La situ
Las a
E
La

Casa XI
Las relaciones
Los apoyos
Los proyectos
Las esperanzas

Casa XII
Las pruebas
Las luchas
Las cosas secretas y ocultas

Casa I
El consultante
Su estado de ánimo
Sus posibilidades
Sus intenciones

LA RUEDA O GRA

Casa II
Las posesiones
La situación financiera

Casa III
Sus allegados
Los familiares
Las novedades
Los desplazamientos breves
Los hermanos y hermanas

C
E
El p
E

Casa IX
Los viajes
Los superiores estudios
La administración
La vida espiritual

Casa VIII
Los cambios
Las ganancias
Las transformaciones profundas
La sexualidad

Casa VII
La vida exterior
Las asociaciones
El matrimonio
El cónyuge

Casa VI
El trabajo
La salud

Casa V
La vida sentimental
Las creaciones y las obras
Los hijos

XIII
III
L'IMPÉRATRICE
XVII
L'ÉTOILE
XII
LE PENDU
XI
LA FORCE
XVIII
LA LUNE
VIIII
L'HERMITE
VII
LE CHARIOT
LE MAT
XX
LE JUGEMENT
XVIIII
LE SOLEIL
X
LA ROUE DE FORTUNE

La comprensión de una gran tirada astrológica no es nada fácil para el principiante. A fin de comprender bien el sistema, conviene realizar la interpretación de manera lenta y progresiva.

En un primer momento, intente poner la palabra clave que se adapta mejor a las cartas en función del lugar o las casas que ocupen.

Ejemplo:

Luna	*Sensibilidad*
Carro	*Éxito*
Juicio	*Renovación*
Rueda de la Fortuna	*Movimiento*
Sol	*Felicidad*
Loco	*Fluctuación*
Ermitaño	*Soledad*
Fuerza	*Magnetismo*
Estrella	*Armonía*
Muerte	*Transformación*

Analice enseguida los aspectos planetarios y anote, siempre mediante palabras clave, el sentido que pueden tener en función de las casas.

En el ejemplo dado, se observan muchas influencias activas de Mercurio y Urano (Juicio, Rueda de la Fortuna, Loco, Emperatriz), así como las poderosas perspectivas de Marte y de Júpiter (Carro, Fuerza).

Finalmente, considere cada tema de la vida del consultante, uno por uno:

    I — El consultante y su vida exterior
        Casa 1 + Casa 7
        Luna + Ermitaño
        Sensibilidad, pasividad + aislamiento y soledad = tristeza

    II — La actividad profesional
        Casa 6 + Casa 10
        Loco + Muerte
        La fluctuación y la inestabilidad conducen a una transformación.

    III — Material
        Casa 2 + Casa 8
        Carro + Fuerza
        El éxito y una adecuada situación material están asegurados.

    IV — El amor
        Casa 3 + Casa 5 (si el consultante no está casado)
        (Casa 4 + Casa 5 del consultante si está casado + casas 10 y 11 que se convierten en las casas 4 y 5 del cónyuge).

    V — Salud
        Casa 6 + Casa 12
        Loco + Colgado
        La depresión es evidente (tanto más cuanto que el consultante aparece en la Luna).

Una vez hecho este primer análisis, introdúzcase más en detalle en el sistema de las derivadas.
Sabiendo que la casa 6 (Loco) y la casa 10 (Muerte) indican las influencias profesionales, se busca la casa 6 y la casa 10 de la 6. Es decir que, partiendo del Loco se cuenta hasta la 6, que es la Emperatriz y después la 10, el Juicio.
Emperatriz + Juicio: actividad nueva inminente y beneficiosa.
La casa 5 (del Sol) mira hacia la estrella venusina o del amor...
Así, mediante este proceso, se podrá contestar a todas las preguntas y preocupaciones de las personas que se encuentran vacilantes en sus decisiones.

Ejemplo para un hombre de negocios

Este hombre de negocios aparece en el Sol. Resplandeciente, se encamina hacia sus ganancias (Rueda de la Fortuna).

Es importante relacionar las casas 6-10-2 para analizar una actividad profesional. Este «triángulo» está aquí bien dispuesto.

La vida sentimental parece más difícil. El Loco en la casa 4 anuncia en efecto una huida ante las responsabilidades del hogar. Por otra parte, parece que ha renunciado ya a su esposa, que aparece en el Colgado. Sin embargo, su vida afectiva va a verse renovada con el Mago en la casa 4. La Fuerza (en casa 5) unida al Diablo (casa 8, la sexualidad) da la impresión de una relación fuerte y pasional.

Hacemos notar finalmente que la Templanza en la casa 9 confirma los desplazamientos, y que la Muerte en la casa 11 incitan a la ruptura con un amigo. Además, el Enamorado en la casa 12, de las pruebas, le va a colocar ante una elección difícil.

Observemos ahora, por el sistema «derivado», la situación de la esposa de este consultante. Su estado de Colgado le pone verosímilmente ante una prueba afectiva, ya que su casa 5 está marcada por la Muerte, es decir, una ruptura en su vida sentimental. Sin embargo, su cónyuge sigue siendo un «Sol» ante sus ojos. Esta nueva situación familiar va a afectar intensamente a la joven, sobre la que los aspectos del Loco en la casa 10 y de la Emperatriz en la casa 12 acentúan la fluctuación, la perturbación y la fatiga nerviosa.

Señalamos, no obstante, que no tendrá ningún problema de orden material debido al Diablo en la casa 2 y la Rueda de la Fortuna en la casa 8 (el capital), y que podrá contar con los amigos, los apoyos, las relaciones: Templanza en la casa 3 y Fuerza en la casa 11.

CONCLUSIÓN

Esta obra ha sido concebida con el objetivo de brindar una ayuda eficaz a todos, iniciados o no. Su contenido se ha adaptado voluntariamente para facilitar la lectura de los arcanos que, generalmente, están cubiertos por un oscuro velo. El lector puede así encontrar respuestas a las preguntas que se plantee, tanto en el terreno de los símbolos como en el de la manipulación de las cartas y de su significado según el lugar que ocupen.

Este libro puede servir como manual para profundizar sus conocimientos, pero también puede ser una base de referencia para las personas que deseen ayudar con su saber a quienes las consultan. Es una verdadera guía para partir a la conquista del arte del tarot.

El objetivo de este documento práctico es poner al alcance de todos las interpretaciones que ocultan las cartas mayores y menores. Con su ayuda, el lector logrará penetrar en los misterios que esconde el Tarot. El tiempo, la paciencia, la práctica, tanto como el amor, la fe y la sinceridad, permitirán alcanzar el resultado deseado.

«Una mirada pura y una contemplación profunda hacen que todas las cosas que tienen ante sus ojos se vuelvan transparentes.»

Paul Claudel

ÍNDICE

Introducción . . . . p. 7
Significado de los 22 arcanos mayores . . . . p. 13
Símbología e interpretación de los arcanos menores . . . . p. 61
   — Las copas . . . . p. 65
   — Los oros . . . . p. 77
   — Los bastos . . . . p. 89
   — Las espadas . . . . p. 101
   — Las figuras de los cuatro elementos . . . . p. 113
Los diferentes métodos . . . . p. 123
   — La cruz o pregunta . . . . p. 125
   — La herradura . . . . p. 135
   — El método celta . . . . p. 145
   — La línea o el cuadrado . . . . p. 153
   — La pirámide . . . . p. 157
   — La rueda . . . . p. 163
Conclusión . . . . p. 173